Korrekturexemplar

S. 39

Bombay Lunchbox

भारत टी स्टाल
हमारे यहाँ स्टोव
गैशबत्ती बैटरी
लाइटर किफायती
भाव से रिपेरिंग
किये जाते है
गेश बत्ती भाडे
Gulab
Singh
दुध मिठ्ठा फुल गलाश
दुध फिका
नेश कोफी
उधार

Carolyn Caldicott

Bombay Lunchbox

Mit Fotos von Chris Caldicott

Aus dem Englischen von
Gabriele & Sebastian Hoch

Verlag Freies Geistesleben

Inhalt

बेस्ट
264
165
209

Vom Lunch zum Tiffin

Nachdem sich die Briten im späten 18. Jahrhundert allmählich in Indien «etabliert» hatten, wurde schnell klar, dass es einiger Anpassungen ihrer geliebten Gewohnheiten bedurfte. Zunächst einmal hieß dies, die Essgewohnheiten derart zu verändern, dass sie sich für die trägen und heißen Tage eigneten. So wurde aus dem ursprünglich üppigen Lunch eine deutlich leichtere Mahlzeit – doch wie sollte diese heißen? Irgendwie schien das passende Wort hierfür «Tiffin» zu sein, welches sich von den umgangssprachlichen Worten «tiff» für ein Schlückchen verdünntes Hochprozentiges sowie «tiffing» für den Akt des daran Nippens herleitet (wobei Letzteres womöglich darauf hindeutet, dass so manches Mittagessen eines «Sahibs» lediglich aus einer reichen Auswahl an Spirituosen bestand). Der Name «Tiffin» setzte sich bald durch, und die Redewendung «a spot of tiffin» für «etwas zu Mittag essen» avancierte zum Synonym für beinahe jedweden kulinarischen Genuss zwischen Frühstück und Abendessen.

Seit diesen Anfängen in Britisch-Indien entwickelte sich das Tiffin zu einer faszinierenden Welt für sich selbst, einer Welt, die sowohl eine riesige Bandbreite an Gerichten als auch das zugehörige Equipment umfasst – und darüber hinaus eine unendliche Zahl an Dienstleistern hervorbrachte, von den «Tiffinwallahs» aus Bombay bis zu all den Verkäufern von Gewürztees und herzhaften Snacks, welche die hektischen Heerscharen der vielen Geschäftsleute und Angestellten versorgen. Heutzutage kann ein Tiffin sowohl eine befüllte Lunchbox als auch einen Afternoon Tea, einen pikanten Imbiss oder eine süße Leckerei meinen. Solange man es irgendwann zwischen Frühstück und Abendessen verspeist, ist es ganz einfach ein Tiffin.

Anglo-indische Klassiker

Und jetzt – was isst man? Ratlos ob des Verlangens der Lady des Hauses nach fadem Fleisch mit gerade einmal zweierlei Gemüse, versuchten sich die indischen Köche im Kompromiss und entwickelten einzigartige Gerichte, welche die traditionelle indische Küche mit den dem britischen Geschmack bekannten Zutaten und entsprechender Würze verbanden. Kurkuma, Kreuzkümmel, Koriander, Ingwer und Knoblauch wurden mit Pfeffer, Lorbeer, Muskatnuss und -blüte kombiniert – also mit jenen Gewürzen und Kräutern, die schon damals in England beliebt waren – und die Zugabe von Joghurt, gemahlenen Nüssen und Kokosnuss half dabei, die Schärfe zu reduzieren.

Zunächst waren die Gerichte also eher mild. Sobald sich aber die Gaumen der Briten nach und nach an die neuartigen Geschmacksnuancen gewöhnt hatten, wurden auch ihre Köche abenteuerlustiger und gaben Cayennepfeffer und Chili in die Töpfe. Im Gegenzug bejubelten die Briten zu Hause diese neuen aufregenden Geschmacksrichtungen Indiens, und nicht nur das Currypulver fand so seinen Weg auf die Insel. Würzige Chutneys und feuriges Piccalilli (indisch inspiriertes englisches Senfgemüse) verbreiteten sich überall. Bekannt ist, dass Königin Victoria einen indischen Küchenchef anstellte. An einem beliebten Londoner Platz eröffnete 1809 das «Hindustani Coffee House», welches sowohl den «Neubekehrten», die neugierig die wahre indische Küche versuchen wollten, als auch den alten Hasen, die den pikanten Geschmack ihrer Reisen vermissten, eine große Auswahl an Currys servierte. Um die Mitte des 19. Jahrhunderts war das Curry derart beliebt geworden, dass William Makepeace Thackeray darüber sogar ein Gedicht verfasste, und in den angesagtesten Kochbüchern wurde verkündet, dass «kaum daran gedacht werden könne, dass ein Abendessen ohne (ein Curry) auf dem Tisch komplett wäre».

Currypulver

Currypulver, wie wir es heute kennen, wurde erfunden, als britische Offiziere, die den Geschmack Indiens nach Hause mitnehmen wollten, Händler auf dem Basar darum baten, eine Auswahl an typischen Gewürzen zu mischen, welche dann vorgeröstet, gemahlen und für die lange Reise luftdicht verschlossen wurden. Die originale Mischung basierte auf einer südindischen Gewürzauswahl, die traditionellerweise Curryblätter beinhaltete, woraus sich der Name «Currypulver» ableitete.

Curry

Es gibt unzählige Geschichten über die Ursprünge des Namens «Curry», doch geht man im Allgemeinen davon aus, dass er sich aus dem tamilischen Wort für eine pikante Soße, «Kari», entwickelte. Der Begriff wurde nach und nach zu einer allumfassenden Bezeichnung für jede Art Eintopf oder getrockneter Fertigmischung, welche Gewürze enthält. Das erste Curry-Rezept auf Englisch wurde 1747 unter dem Titel «How to Make a Curry the Indian Way» veröffentlicht.

Pfeffer

Wussten Sie, dass Pfeffer eine mehrjährige Kletterpflanze ist und vom Regenwasser des Monsuns bestäubt wird? Ursprünglich an der Malabarküste Indiens beheimatet, entwickelte sie sich wegen ihrer Fähigkeit, ein fades Gericht in etwas Genießbares zu verwandeln, zu einer der wichtigsten Gewürzpflanzen.

Mulligatawny-Suppe

Ursprünglich kreiert, um den unersättlichen englischen Appetit auf Suppe zu befriedigen, geht Mulligatawny wohl auf das tamilische «milagu thannir» (Chilischotenwasser) zurück, einen dünnflüssigen pfeffrigen Dhal. Sie können zum Reis auch Geflügel reichen.

(ergibt 6 Portionen)
200 g rote Linsen, geschält und gespült
1 EL Ghee, wahlweise Butter
1 mittelgroße Zwiebel, fein gehackt
3 Knoblauchzehen, fein gehackt
ein 4 cm langes Stück Ingwer, geschält und geraspelt
1 rote Chilischote, in Scheiben geschnitten
2 TL Koriander, gemahlen
2 TL Kreuzkümmel, gemahlen
1 TL Kurkuma, gemahlen
½ TL schwarzer Pfeffer, gemahlen
1 TL Garam Masala (indische Gewürzmischung)
1 großer Apfel, gewürfelt
2 Karotten, gewürfelt
4 Stangen Sellerie, gewürfelt
1 ½ l Wasser
½ TL Kardamom, gemahlen
225 ml dicke Kokosmilch
Saft einer halben Zitrone
eine Handvoll frischer Koriander, fein gehackt
1 Tasse Basmatireis, vorgekocht
Salz

Zum Garnieren: frischer Koriander, gehackt

Braten Sie in einem mittelgroßen Topf die Zwiebel mit Knoblauch, Ingwer sowie Chili in der geschmolzenen Ghee glasig an.
Vermengen Sie die Gewürze miteinander und rühren Sie sie unter die Zwiebelmischung. Braten Sie alles unter Rühren kurz an. Geben Sie den Apfel, die Karotten sowie den Sellerie dazu. Braten Sie alles unter stetem Rühren weiter, bis das Gemüse weich zu werden beginnt.
Geben Sie nun die Linsen und gerade so viel Wasser dazu, dass alles bedeckt ist. Kochen Sie alles einmal auf, ehe Sie anschließend die Hitze reduzieren und die Suppe auf kleiner Flamme so lange köcheln lassen, bis die Linsen weich sind und auseinanderfallen. (Löffeln Sie dabei immer wieder den Schaum von der Oberfläche ab und rühren Sie um, um ein Anbrennen zu verhindern.)
Heben Sie zum Schluss den gekochten Reis sowie die Kokosmilch, den Zitronensaft, den Koriander und Salz nach Geschmack unter. Köcheln Sie das Ganze für weitere 5 Minuten auf kleiner Flamme weiter, damit sich die einzelnen Geschmacksnuancen gut vermischen. Servieren Sie die Suppe mit etwas gehacktem Koriander als Garnitur.

Hühnerbrust in Pfefferkruste mit Mango-Raita

Servieren Sie dieses einfache, aber köstliche Wokgericht mit einer Portion Major Grey's Chutney (siehe Seite 30).

(ergibt 4 – 6 Portionen)

Hühnerbrust in Pfefferkruste:
4 Hühnerbrüste
2 großzügige EL Sonnenblumenöl
1 große rote Zwiebel, fein geschnitten
2 Knoblauchzehen, zerdrückt
1 TL schwarzer Pfeffer, grob gemahlen
½ TL Kurkuma, gemahlen
Salz

Mango-Raita:
225 g Naturjoghurt
1 TL Kreuzkümmel, ganze Samen
½ kleine Mango, geschält und gewürfelt
eine kleine Handvoll frische Minze, gehackt
ein guter Schuss Limettensaft
1 TL flüssiger Honig
Salz

Zum Garnieren: Mangoscheiben, etwas gehackte frische Minze, geröstete Kreuzkümmelsamen, fein gehackte rote Zwiebel

Bereiten Sie zunächst das Raita zu. Verquirlen Sie dafür den Joghurt, bis dieser sämig ist und rösten Sie dann die Kreuzkümmelsamen in einer heißen Pfanne kurz an. Rühren Sie nun den Joghurt zusammen mit allen übrigen Zutaten in die Pfanne. Schmecken Sie mit etwas Salz ab und geben Sie das fertige Raita bis zur Verwendung zum Abkühlen in den Kühlschrank.
Schneiden Sie die Hühnerbrüste in Streifen und bestreuen Sie diese mit etwas Salz.
Erhitzen Sie das Sonnenblumenöl in einem Wok. Geben Sie die Zwiebel mit dem Knoblauch in das siedend heiße Öl und braten Sie das Ganze unter stetem Rühren weich.
Geben Sie nun die Hühnerbruststreifen dazu und braten Sie diese auf allen Seiten braun an. Rühren Sie den Pfeffer und die Kurkuma unter. Sobald die Hühnerbrüste komplett mit den Gewürzen bedeckt sind, geben Sie einen Schuss Wasser (ca. 55 ml) dazu. Braten Sie das Ganze weiterhin unter stetem Rühren, bis sich das Wasser reduziert hat, die Zwiebeln karamellisieren und das Hühnchenfleisch trocken, aber immer noch zart ist.
Löffeln Sie das Raita über das Hühnchen und geben Sie einige Mangoscheiben und etwas gehackte Minze darüber. Zum Schluss noch mit etwas Kreuzkümmelsamen und roten Zwiebelwürfeln bestreuen.

Eier-Curry

Eine wahrlich grandiose Hinterlassenschaft des britischen Empires ist dieses Rezept, für das Eier und Kartoffeln in einer köstlichen Tomaten-Currysoße geköchelt werden. Reichen Sie dazu Chapati (indisches Fladenbrot aus Gerste, Hirse und Weizen) oder Reis.

(ergibt 4 – 6 Portionen)

1 mittelgroße Zwiebel, grob gehackt
2 Knoblauchzehen, grob gehackt
frischer Ingwer (ca. 3 cm lang), geschält und grob gehackt
2 TL Kurkuma, gemahlen
½ TL Chiliflocken
6 Eier, hart gekocht
4 EL Sonnenblumenöl
3 mittelgroße festkochende Kartoffeln, geschält und gewürfelt
1 mittelgroße rote Zwiebel, in feine Scheiben geschnitten
1 kleine Zimtstange
6 Kardamomschoten, geöffnet
6 Gewürznelken
4 Lorbeerblätter
3 mittelgroße Tomaten, gewürfelt
275 ml Wasser
1 TL Jagrezucker, wahlweise brauner Zucker
Salz und Pfeffer

Zerkleinern Sie die Zwiebel mit dem Knoblauch und dem Ingwer in einem Mixer zu einer Paste. Rühren Sie die Kurkuma sowie die Chiliflocken unter und stellen Sie die Paste zur Seite.
Schälen Sie die hart gekochten Eier und ritzen Sie jeweils ein paar Mal mit einem Messer in das Eiweiß. Halbieren Sie die Eier anschließend der Länge nach. Erhitzen Sie das Öl in einem Wok oder einer großen Pfanne. Braten Sie darin die Eier goldbraun an, nehmen Sie diese anschließend heraus und stellen Sie sie zur Seite.
Braten Sie die Kartoffelwürfel in der gleichen Pfanne goldbraun an, nehmen Sie sie heraus und stellen Sie auch sie zur Seite.
Braten Sie die roten Zwiebelscheiben im restlichen Öl im Wok glasig an. Rühren Sie den Zimt, den Kardamom, die Nelken sowie die Lorbeerblätter unter und braten Sie alles für ungefähr eine Minute an. Rühren Sie nun die Zwiebelpaste dazu und lassen Sie alles kurz ziehen.
Geben Sie die klein geschnittenen Tomaten dazu und köcheln Sie alles für 5 Minuten. Rühren Sie das Wasser, die angebratenen Kartoffeln sowie den Jagrezucker ein. Schmecken Sie mit etwas Salz sowie reichlich frisch gemahlenem schwarzen Pfeffer ab. Legen Sie die Eier mit dem Eigelb nach oben auf das Ganze und lassen Sie alles auf kleiner Flamme so lange ziehen, bis sich die Soße reduziert hat und die Kartoffeln weich sind.

जगदीश एग्रीको
भाव सूची
स्टॉक
कपासिया
गेहूँ
सोनालिका
रायरा
T.59
बाजरा
BJ 104
D.A.P

Sonntagsbraten auf anglo-indische Art

Sogar der unverzichtbare Sonntagsbraten erhielt einen neuen Anstrich. Man marinierte dafür Huhn mit Joghurt, Limette und verschiedenen Gewürzen, füllte es mit gewürzten Kartoffeln und bereitete es im «Tandur» genannten Holzkohleofen zu. Typischerweise wurde zu diesem Braten Paratha (indisches, in Ghee gebackenes Fladenbrot) gereicht, aber auch ein Gemüsemix schmeckt köstlich dazu.

(ergibt 4 – 6 Portionen)
1 ganzes Hühnchen
2 Knoblauchzehen
frischer Ingwer (ca. 1 cm lang), geschält und grob gehackt
2 EL Naturjoghurt
2 EL Limettensaft
½ TL Chilipulver
½ TL Kurkuma, gemahlen
Salz
Sonnenblumenöl

Für die Kartoffelfüllung:
3 EL Sonnenblumenöl
½ TL Kreuzkümmel, ganze Samen
1 mittelgroße Zwiebel, fein gehackt
2 Knoblauchzehen, fein gehackt
1 TL Koriander, gemahlen
1 knapper TL Kreuzkümmel, gemahlen
1 knapper TL Garam Masala
3 mittelgroße festkochende Kartoffeln, geschält und gewürfelt
1 TL Limettensaft
Salz und schwarzer Pfeffer

Zum Anrichten: eine Handvoll frischer Koriander, gehackt

Bereiten Sie zunächst die Marinade für das Hühnchen zu: Zerkleinern Sie dafür den Knoblauch mit dem Ingwer im Mixer zu einer Paste. Mischen Sie die Paste mit dem Joghurt, dem Limettensaft, dem Chilipulver sowie der Kurkuma und schmecken Sie alles mit etwas Salz ab. Reiben Sie das Hühnchen außen mit der Marinade ein und decken Sie es dann mit Küchenfolie ab. Geben Sie das Huhn anschließend für 2 Stunden in den Kühlschrank.

Bereiten Sie nun die Füllung zu: Erhitzen Sie dafür das Sonnenblumenöl in einer großen Pfanne und rösten Sie darin die ganzen Kreuzkümmelsamen. Geben Sie die fein gehackte Zwiebel sowie den Knoblauch dazu und braten Sie das Ganze unter stetem Rühren so lange, bis die Zwiebel beginnt, weich zu werden.

Rühren Sie die restlichen Gewürze unter, braten Sie alles kurz an und geben Sie dann die Kartoffelwürfel dazu. Nun alles unter stetem Umrühren so lange köcheln lassen, bis die Kartoffeln beginnen, weich und braun zu werden. Geben Sie den Limettensaft dazu und schmecken Sie das Ganze mit Salz und Pfeffer ab. Lassen Sie die Füllung vor der Weiterverarbeitung etwas abkühlen.

Heizen Sie den Ofen auf 190 °C vor. Geben Sie das Hühnchen in einen Bräter und stopfen Sie es mit der Füllung. Besprenkeln Sie es mit etwas Sonnenblumenöl, ehe Sie es für 1¼ – 1½ Stunden in den vorgeheizten Ofen geben. Um zu prüfen, ob das Hühnchen durch und gar ist, stechen Sie mit einer Tranchiergabel in den dicksten Teil des Schenkels: sobald klarer Bratensaft aus dem Fleisch läuft, ist es fertig. Decken Sie das Huhn mit etwas Folie ab und lassen Sie es für 10 Minuten ruhen, ehe Sie es tranchieren. Löffeln Sie die Füllung in eine vorgewärmte Schüssel und reichen Sie diese zum mit etwas gehacktem Koriander bestreuten Huhn.

Lammcurry Railway

Dieses klassische anglo-indische Gericht mit reichlich aromatischen Gewürzen erlangte als Imbiss auf Zugreisen Berühmtheit. Es wurde in den eleganten «Railway Refreshment Rooms» der Züge serviert, die kreuz und quer durch Indien fuhren. Ursprünglich wurde für das Gericht Hammelfleisch, eingelegt in Zwiebelsoße und Tamarindenwasser oder Essig, verwendet. Ich nehme stattdessen lieber Lammkoteletts und Balsamicoessig.

(ergibt 4 – 6 Portionen)
6 mittelgroße Lammkoteletts
3 Knoblauchzehen
frischer Ingwer (ca. 2,5 cm), geschält
Salz
½ TL Chilipulver
3 EL Sonnenblumenöl
10 Curryblätter
6 Pfefferkörner
6 Gewürznelken
6 Kardamomschoten, klein geschnitten
3 getrocknete rote Chilischoten, in große Stücke geteilt
2 mittelgroße Zwiebeln, in dünne Scheiben geschnitten
1 TL Koriander, gemahlen
1 TL Paprikapulver
½ TL Kreuzkümmel, gemahlen
2 EL Balsamicoessig
150 ml Wasser
150 ml Kokosmilch

Mahlen Sie den Knoblauch mit dem Ingwer und einer guten Prise Salz in einem Mörser zu einer Paste. Stellen Sie eine Hälfte der Paste zur Seite. Vermengen Sie die andere Hälfte mit dem Chilipulver, reiben Sie die Koteletts mit dieser Paste ein und lassen Sie die Marinade für ca. eine halbe Stunde einwirken.
Erhitzen Sie das Sonnenblumenöl in einer großen Pfanne; wenn es richtig heiß ist, braten Sie die Koteletts auf beiden Seiten goldbraun an und legen sie zur Seite.
Braten Sie die Curryblätter, die Pfefferkörner, die Nelken, den Kardamom sowie die Chilischoten in einer Pfanne kurz an und geben Sie dann die Zwiebelscheiben sowie die restliche Knoblauch-Ingwer-Paste dazu. Erneut alles kurz anbraten und den Koriander, das Paprikapulver sowie den Kümmel einrühren und die Koteletts wieder dazugeben. Nun den Essig einrühren, etwas reduzieren lassen und anschließend auch das Wasser untermischen. Wenn sich die Soße etwas verdickt hat, geben Sie die Kokosmilch dazu und köcheln alles so lange weiter, bis die Koteletts durch sind.

Kedgeree (Reispfanne mit Fisch)

Ein gutes Beispiel für die Verbindung der geschmacklichen Vorlieben und damit charakteristisch für die anglo-indische Küche ist Kedgeree, das auf «Khichri», einem bekömmlichen, mild gewürztem Reisgericht mit Linsen beruht. Die Linsen wurden schon bald durch Fisch und hartgekochte Eier ersetzt – also durch Zutaten, die den britischen Geschmack besser trafen. Im viktorianischen England entwickelte sich Kedgeree zu einem äußerst populären Frühstücksgericht – ergänzt um geräucherten Schellfisch.

(ergibt 4 Portionen)

4 große Eier
2 Tassen Basmatireis
1 Zimtstange
450 g weißer Fisch oder
geräucherter Schellfisch
2 Lorbeerblätter
½ TL schwarze Pfefferkörner
3 gute EL ungesalzene Butter
1 große rote Zwiebel,
in dünne Scheiben geschnitten

½ TL Koriander, gemahlen
½ TL Kreuzkümmel, gemahlen
½ TL Kurkuma, gemahlen
¼ TL Kardamom, gemahlen
Chiliflocken nach Geschmack
eine Handvoll frischer Koriander, gehackt
Salz und schwarzer Pfeffer
1 große Zitrone,
in Spalten geschnitten

Kochen Sie die Eier hart, schrecken Sie sie ab und schneiden Sie sie in mundgerechte Stücke. Spülen Sie den Reis unter Wasser klar und bringen Sie ihn mit der Zimtstange in einem Topf unter Zugabe von 4 Tassen kalten Wassers zum Kochen. Reduzieren Sie die Hitze und lassen Sie den Reis bei geschlossenem Deckel so lange ziehen, bis er das gesamte Wasser aufgesaugt hat. Lassen Sie ihn anschließend neben dem Herd 5 Minuten lang ruhen, ehe Sie ihn mit einer Gabel etwas auflockern.

Legen Sie den Fisch in eine Pfanne und bedecken Sie ihn mit etwas kochendem Wasser. Geben Sie die Lorbeerblätter sowie die Pfefferkörner dazu und köcheln Sie alles auf kleiner Flamme für 5 Minuten. Nehmen Sie den Fisch aus der Pfanne, lassen Sie ihn etwas abkühlen und bröckeln Sie ihn in Stücke (dabei sollten Sie natürlich möglichst alle Gräten entfernen!).

Erhitzen Sie die Butter in einer großen Pfanne mit Antihaftbeschichtung. Sobald die Butter zu schäumen beginnt, braten Sie die Zwiebelstücke darin glasig. Rühren Sie die Gewürze ein

und braten Sie alles kurz an. Geben Sie den gekochten Reis dazu, vermengen Sie diesen gut mit den Gewürzen und lassen Sie alles kurz ziehen.
Nun geben Sie vorsichtig die Fischstücke mit dem frischen Koriander zum Reis und köcheln das Ganze für wenige Minuten auf kleiner Flamme weiter. Schmecken Sie das Kedgeree zum Schluss mit Salz und Pfeffer ab und servieren Sie es mit den hart gekochten Eiern und Zitronenspalten obenauf.

Bratfisch à la Masala

Dieses Rezept ähnelt dem klassischen Fisch im Teigmantel und schmeckt mit Sicherheit mindestens so gut – genau genommen wahrscheinlich sogar besser!

(ergibt 4 Portionen)
4 kleinere Seebrassen oder Makrelen
oder wahlweise 4 Fischfilets von Seelachs, Schellfisch oder Kabeljau
Sonnenblumenöl zum Ausbraten
Kurkuma, Chilipulver, Salz und Zitronensaft zum Marinieren
Grieß zum Panieren

Für die Masala-Paste:
1 Zimtstange (ca. 2 cm)
1 TL Koriander, ganze Samen
½ TL Kreuzkümmel, ganze Samen
½ TL schwarze Pfefferkörner
¼ TL Fenchelsamen
3 Schalotten, grob gehackt
3 Knoblauchzehen, grob gehackt
frischer Ingwer (ca. 2 cm lang), geschält und grob zerkleinert
2 mittelgroße Tomaten, in grobe Stücke geschnitten

Zum Anrichten: Zitronensaft oder -spalten

Schneiden Sie den Fisch einige Male mit einem scharfen Messer ein. Reiben Sie dann etwas Kurkuma, Chilipulver, Salz und Zitronensaft in das Fleisch und lassen Sie den Fisch anschließend für eine halbe Stunde ruhen.
Bereiten Sie in der Zwischenzeit die Masala-Paste zu: Rösten Sie dafür zunächst die verschiedenen Gewürzsamen für einige Minuten in einer heißen Pfanne. Mahlen Sie das Ganze dann in einem Mörser zu einem Pulver. Geben Sie dieses schließlich mit den restlichen Zutaten für die Masala in einen Mixer und zerkleinern Sie alles zu einer Paste.
Geben Sie die Marinade über den vorbereiteten Fisch und lassen Sie das Ganze 10 Minuten ziehen.
Wenden Sie den Fisch großzügig in reichlich Grieß und erhitzen Sie einen guten Schuss Sonnenblumenöl in einer Pfanne mit Antihaftbeschichtung. Braten Sie die Fischfilets im zischend heißen Öl so aus, dass sie goldbraun und auf beiden Seiten knusprig sind.
Servieren Sie den Fisch sofort mit einem guten Schuss frischem Zitronensaft oder Zitronenspalten.

Rote Bete-Kokosmilch-Curry

Die im viktorianischen England als Delikatesse verehrte Rote Bete wurde natürlich auch in Indien kultiviert, um – als Bestandteil von Currys und Salaten – Erinnerungen an zu Hause zu wecken. Wenn Sie pinkfarbene Hände vermeiden wollen, sollten Sie immer Gummihandschuhe tragen, sobald Sie die Rote Bete zubereiten.

(ergibt 4 – 6 Beilagenportionen)
3 EL Sonnenblumenöl
1 TL schwarze Senfkörner
1 rote Zwiebel, in Würfel geschnitten
3 Knoblauchzehen, zerdrückt
2 rote Chilischoten, fein gehackt
2 Lorbeerblätter
5 Gewürznelken
1 Zimtstange, in 3 Teile gebrochen
½ TL Kurkuma, gemahlen
450 g Rote Bete, geschält und in Würfel geschnitten
3 mittelgroße Tomaten, fein gewürfelt
150 ml Kokosmilch
Saft einer Limette
Salz

Rösten Sie die Senfkörner in einem Topf mit heißem Sonnenblumenöl kurz an. Geben Sie dann die Zwiebel, den Knoblauch sowie den Chili dazu. Braten Sie alles unter stetem Rühren, bis es weich ist.
Fügen Sie die Lorbeerblätter, die Nelken, den Zimt sowie die Kurkuma dazu und braten Sie alles unter Rühren in der Zwiebelmischung für ca. eine Minute. Geben Sie nun die Rote Bete dazu. Verrühren Sie das Ganze gut und geben Sie anschließend die Tomatenstücke und 275 ml Wasser dazu.
Schmecken Sie mit Salz ab und köcheln Sie alles auf kleiner Flamme bei geschlossenem Deckel, bis die Rote Bete weich ist. Rühren Sie nun die Kokosmilch sowie den Limettensaft unter und lassen Sie alles so lange auf kleiner Flamme ziehen, bis die Soße eindickt.

Chutneys

Ob salzig oder süß, trocken oder marmeladenähnlich – zu den meisten Mahlzeiten in Indien wird traditionellerweise ein «Chatni» gereicht. Die Briten fanden alsbald Gefallen an diesen eingekochten Leckereien aus Früchten, Gemüse, Gewürzen, Essig und Zucker. Durch eine kleine Verbesserung hier und eine kleine Verfeinerung da entwickelte sich schließlich das «Chatni» zu Chutney. Und wer könnte sich heutzutage schon ein typisch englisches «Ploughman's» ohne Chutney vorstellen?

Major Grey's Mango-Chutney

Der Legende nach kreierte im 19. Jahrhundert ein englischer Offizier mit Hilfe seines bengalischen Kochs dieses süße, mild gewürzte Chutney. Sehr schnell wurde es zu einem absoluten Favoriten in Indien und bald auch in England. Clever und umsichtig kopierte die Firma «Cross & Blackwell» das Rezept – und so wurde das Major Grey's Mango-Chutney das «Luxuseingemachte» der feinen Gesellschaft.

(ergibt ungefähr 4 Einmachgläser)

4 mittelgroße feste Mangos, geschält und gewürfelt
1 ganze Bio-Zitrone (mit Schale), entkernt und fein gewürfelt
1 große Zwiebel, gewürfelt
2 Knoblauchzehen, zerdrückt
75 g Rosinen
50 g frischer Ingwer, geschält und geraspelt
175 g brauner Zucker
150 g Melasse
1 großzügiger TL Senfkörner
1 TL Chiliflocken
1 TL Koriander, gemahlen
½ TL schwarzer Pfeffer, grob gemahlen
½ TL Muskat, gemahlen
¼ TL Gewürznelke, gemahlen
1 Zimtstange
275 ml Apfelessig

Mischen Sie alle Zutaten in einem Topf und erwärmen Sie alles auf mittlerer Hitze, bis sich der Zucker und die Melasse aufgelöst haben. Geben Sie nun etwas Hitze dazu, sodass alles leicht zu köcheln beginnt. Lassen Sie das Chutney so lange ziehen, bis es eine marmeladenartige Konsistenz hat. Löffeln Sie das Chutney schließlich in sterilisierte Einmachgefäße, in welchen Sie es vor dem Gebrauch mindestens einen Monat reifen lassen sollten.

Milchreis mit Kardamom und Safran

Ein Milchreis mit exotischer Note. In Indien verwendet man klassischerweise Jagrezucker (Palmzucker) zum Süßen, brauner Zucker ist eine gute Alternative.

(ergibt 4 – 6 Portionen)
1 l Vollmilch
50 g Basmatireis, klar gespült
3 Lorbeerblätter
eine gute Prise Safran
1 knapper TL Kardamom, gemahlen
eine Handvoll Rosinen
je eine Handvoll Mandeln und halbierte Cashewkerne
1 EL Rosenwasser
Jagrezucker, wahlweise brauner Zucker

Erhitzen Sie die Milch vorsichtig in einem Topf, bis der Siedepunkt fast erreicht ist. Geben Sie den Reis mit den Lorbeerblättern und dem Safran dazu und köcheln Sie das Ganze auf kleiner Flamme (gelegentlich umrühren, um ein Anbrennen zu verhindern), bis der Reis weich ist, sich die Milch um die Hälfte reduziert hat und alles eine cremige Konsistenz hat.
Nehmen Sie die Lorbeerblätter heraus und rühren Sie den gemahlenen Kardamom, die Rosinen, die Nüsse (zum Garnieren des Milchreises einige aufbewahren) und das Rosenwasser ein. Süßen Sie das Ganze nach Geschmack mit dem Jagre- oder dem braunen Zucker und lassen Sie alles für ein paar weitere Minuten auf kleiner Flamme ziehen.
Servieren Sie den Milchreis entweder heiß oder kalt und bestreut mit den restlichen Nüssen.

Lunch in a box

Das Wort Tiffin wird auch als Bezeichnung für eine Lunchbox gebraucht. Diese Tiffins (oder «Dabbas») gibt es in allen erdenklichen Formen und Größen – klassischerweise aber sind sie rund und bestehen aus 3 bis 4 Abteilungen aus Edelstahl, die fest mit einem Deckel und einem seitlichen Clip verschlossen werden, sowie einem Griff am oberen Ende.

In Indien glaubt man, dass Essen, das zu Hause mit Liebe und Sorgfalt gekocht wird, einem nicht nur eine gesunde (und verhältnismäßig billige) Kost, sondern zugleich auch göttliches Wohlbehagen schenkt. Das Mittagessen wird für gewöhnlich in der sogenannten «Thali-Art» eingenommen und besteht aus einer riesigen Bandbreite regionaler Delikatessen, welche jegliche erdenkliche Kombination aus pikant gewürztem oder eingelegtem Gemüse, Dhal, Reis, Joghurt, Brot sowie Süßspeisen umfasst und entweder auf einem großen Metallteller oder einem Bananenblatt angerichtet wird. Die verschiedenen einzelnen Gefäße der Tiffin-Boxen sind daher wie geschaffen für all die Speisen eines typischen Thali-Lunches.

Die Kultur der Tiffins findet man mittlerweile in ganz Indien. Wirklich jeder – von Feldarbeiterinnen in leuchtend bunten Saris bis zu vergnügten Familien auf langen Zugreisen – trägt eine Lunchbox mit sich, um ein kompaktes, tragbares und hausgemachtes Mittagsmahl genießen zu können.

Die Tiffinwallahs von Bombay

Auf den chaotischen Straßen von Bombay (oder, wie es heute heißt, Mumbai) kann man ohne Ausnahme an jedem Werktag gegen Mittag etwas wirklich Einzigartiges beobachten: Man sieht Hunderte von verschlossenen Tiffinboxen aus Edelstahl, die sich auf allerlei Karren und Fahrrädern stapeln, welche von in Dhotis (die traditionelle Kleidung indischer Männer) und weißen Kappen gekleideten Tiffinwallahs durch die Straßen gelenkt werden.
Für die «Mumbai Tiffin Box Suppliers' Association» arbeitet eine ganze Armee an Tiffinwallahs, welche für den äußerst geschätzten täglichen Service sorgen, so schnell wie möglich dampfend heiße und am heimischen Herd gekochte Mittagessen an über 200.000 geschäftige Büroangestellte zu verteilen. Viele der Angestellten leben 50 Kilometer oder mehr von ihren Arbeitsplätzen entfernt, was langes Pendeln in übervollen Zügen mit sich bringt. Vor dem morgendlichen Aufbruch lässt

sich da kein volles Mahl zubereiten. Daher werden die mit Essen gefüllten Tiffinboxen später am Vormittag abgeholt, mit Farben codiert und zu den Bahnhöfen transportiert, wo sie von den Tiffinwallahs gesammelt werden. Deren Mission ist es, jede einzelne Lunchbox zu ihrem entsprechenden Arbeitsplatz zu liefern und sie später wieder vor Ende des Arbeitstages nach Hause zurückzubringen. Pünktlichkeit, Teamwork, Ehrlichkeit und Seriosität sind das Rückgrat ihres wirtschaftlichen Erfolges, und sie kommen auf eine atemberaubende Erfolgsrate von 99,99 %!
Die kaum gebildeten Tiffinwallahs werden mittlerweile derart verehrt, dass sie Vorträge vor Unternehmen halten und schon Ehrengäste auf royalen Hochzeiten im britischen Königshaus waren. Sie gelten als so vertrauenswürdig, dass einige Arbeiter sogar ihren Lohn auf der Rückreise in die leeren Tiffinboxen legen, ehe sie das Risiko eingehen, Geld in den Pendlerzügen mit sich zu führen.

Linsen-Dhal mit Tadka

Dieser einfache Dhal auf Linsenbasis mit gerösteten Gewürzen (auch Tadka genannt) kann gut mit Reis und etwas eingelegtem Gemüse serviert werden.

(ergibt 4 – 6 Portionen)
2 Tassen rote Linsen, klar gespült
1 ½ l Wasser
1 Stück Ingwer (ca. 2 cm), geschält und geraspelt
1 TL Kurkuma, gemahlen
Salz und schwarzer Pfeffer, gemahlen

Für die Tadka:
2 EL Ghee, wahlweise Butter oder Sonnenblumenöl
1 ½ TL Senfkörner
1 gehäufter TL Kreuzkümmel, ganze Samen
4 rote Chilischoten, der Länge nach aufgeschlitzt und entkernt

Spülen Sie die Linsen klar und geben Sie sie in einen mittelgroßen Topf. Gießen Sie die exakte Menge Wasser darüber und rühren Sie dann den geraspelten Ingwer und die Kurkuma ein. Kochen Sie das Ganze einmal auf (löffeln Sie dabei den sich an der Oberfläche bildenden Schaum ab), reduzieren Sie anschließend die Hitze und köcheln Sie alles auf kleiner Flamme, bis die Linsen weich sind und auseinanderfallen. Um die Tadka zuzubereiten, erhitzen Sie zunächst die Ghee in einer kleinen Pfanne. Sobald sie zu schäumen beginnt, rösten Sie die Senfkörner, den Kreuzkümmel sowie die Chilischoten darin kurz an. Gießen Sie dann die Tadka auf den Dhal (Achtung, es kann spritzen!).

Schmecken Sie mit Salz und Pfeffer ab und köcheln Sie alles auf kleiner Flamme für einige Minuten, sodass sich die einzelnen Geschmacksnuancen gut verbinden können.
Reichen Sie Basmatireis und eingelegtes Gemüse dazu.

Saag Paneer (Frischkäse mit Spinat)

In diesem Gericht trifft Spinat auf goldene Paneer-Würfelchen. Sollten Sie eine leichtere Variante bevorzugen, können Sie einfach die Sahne durch Joghurt ersetzen.
Paneer ist ein nicht schmelzender Frischkäse, der aus Sauermilch und Zitronensaft hergestellt wird. Der sehr feste Käse wird zum Kochen in Würfel geschnitten.

(ergibt 4 – 6 Portionen)

1 kg frischer Spinat, in feine Streifen geschnitten
3 EL Ghee, wahlweise Butter
350 g Paneer, in Würfel geschnitten
1 gehäufter TL Garam Masala
1 knapper TL Cayennepfeffer
Salz
1 kleine Zwiebel, grob gehackt
4 Knoblauchzehen
frischer Ingwer (ca. 5 cm lang), geschält und grob zerkleinert
3 grüne Chilischoten
225 ml Sahne, wahlweise Naturjoghurt
eine große Handvoll frischer Bockshornklee, wahlweise frischer Koriander, grob zerkleinert (optional)

Geben Sie die Spinatstreifen mit einem Schuss Wasser (gerade so viel, dass der Spinat nicht anbrennt) in einen großen Topf und köcheln Sie alles für einige Minuten auf kleiner Flamme, bis der Spinat etwas zusammenfällt. Gießen Sie das überschüssige Wasser ab und stellen Sie den Topf zur Seite.
Erhitzen Sie die Ghee in einem mittelgroßen Topf und braten Sie die Paneerwürfel darin auf allen Seiten goldbraun an. Nehmen Sie den Paneer aus dem Topf und legen Sie ihn auf einen großen Teller. Bestreuen Sie die Käsewürfel mit der Garam Masala, dem Cayennepfeffer sowie etwas Salz nach Geschmack.
Zerkleinern Sie die Zwiebel mit dem Ingwer, dem Knoblauch sowie den Chilis in einem Mixer und braten Sie die entstandene Masse im Topf mit der restlichen heißen Ghee gut durch.
Geben Sie nun den gekochten Spinat sowie den marinierten Paneer dazu und köcheln Sie das Ganze auf kleiner Flamme für ca. 10 Minuten (dabei regelmäßig umrühren und, wenn nötig, etwas Wasser dazugeben).
Rühren Sie nun die Sahne sowie den Bockshornklee unter und lassen Sie alles für weitere 5 Minuten vorsichtig auf kleiner Flamme ziehen. Schmecken Sie zum guten Schluss noch einmal mit etwas Salz ab.

Aloo Gobi (Blumekohl-Curry)

Ein unschlagbarer Tiffin-Klassiker!

(ergibt 4 – 6 Portionen)
4 EL Sonnenblumenöl
2 TL Fenchelsamen
1 TL Bockshornkleesamen
1 große Zwiebel, in Würfel geschnitten
2 – 3 rote Chilischoten, sehr klein geschnitten
frischer Ingwer (ca. 4 cm lang),
 geschält und sehr klein geschnitten
4 Knoblauchzehen, zerdrückt
1 kleiner Bund Koriander, die Stängel
 sehr klein geschnitten, die Blätter grob gehackt
2 mittelgroße Kartoffeln,
 geschält und gewürfelt
1 TL Kurkuma, gemahlen
1 kleiner Blumenkohl, in einzelnen Röschen
4 mittelgroße Tomaten, gewürfelt
2 TL Garam Masala
1 TL Jagrezucker, wahlweise Honig
Salz

Zum Garnieren: frischer Ingwer, geraspelt, etwas rote Chilischote, in Streifen geschnitten

Erhitzen Sie das Öl in einem schweren Topf. Wenn es siedend heiß ist, geben Sie die Fenchel- und Bockshornkleesamen hinein und rösten sie an. Anschließend kommen die Zwiebel, die Chilischoten, der Ingwer, der Knoblauch sowie die Korianderstängel dazu. Braten Sie alles unter stetem Rühren so lange, bis die Zwiebel weich ist. Geben Sie nun die Kartoffelwürfel dazu und braten Sie das Ganze unter Rühren weiter, bis auch die Kartoffeln weich zu werden beginnen. Rühren Sie die Kurkuma unter. Geben Sie die Blumenkohlröschen dazu und rühren Sie alles einmal gut durch, sodass der Blumenkohl gut mit den Gewürzen bedeckt ist. Geben Sie anschließend die Tomaten sowie einen guten Schuss Wasser dazu. Rühren Sie die Garam Masala und den Jagrezucker ein und schmecken Sie das Ganze mit Salz ab.
Decken Sie den Topf zu und lassen Sie alles auf kleiner Flamme so lange ziehen, bis das Gemüse gar ist.
Geben Sie die Korianderblätter dazu und servieren Sie Ihr Aloo Gobi sofort mit Ingwer sowie kleinen Chilischotenstreifen garniert.

Chana Masala (Kichererbsen-Curry)

Dieses Curry mit Kichererbsen und Süßkartoffeln ist eine wahre Proteinbombe und schmeckt besonders mit Mango Raita (siehe Seite 13) gut.

(ergibt 4 – 6 Portionen)

4 EL Ghee, wahlweise Butter oder Sonnenblumenöl
1 TL schwarze Senfkörner
2 mittelgroße rote Zwiebeln, gewürfelt
4 Knoblauchzehen, zerdrückt
frischer Ingwer (ca. 3 cm lang), geschält und sehr fein geschnitten
2 frische rote Chilischoten, sehr fein geschnitten
2 getrocknete rote Chilischoten
2 TL Korianderpulver
1 TL Kreuzkümmel, gemahlen
½ TL Kurkuma, gemahlen
1 mittelgroße Süßkartoffel, geschält und gewürfelt
3 Karotten, geschält und gewürfelt
2 x 400 g Kichererbsen aus der Dose, abgetropft und gespült
3 gehäufte EL Tomatenmark
1 Zimtstange
250 ml Kokosmilch
1 TL Garam Masala
Salz

Zum Anrichten: rote Zwiebel, in dünne Streifen geschnitten; frischer Koriander, gehackt; Zitronensaft.

Erhitzen Sie die Ghee in einem schweren Topf. Wenn sie zu schäumen beginnt, geben Sie die Senfkörner dazu und rösten diese kurz an. Anschließend die Zwiebeln, den Knoblauch, den Ingwer sowie die Chilischoten dazugeben und alles unter Rühren so lange anbraten, bis es weich ist.
Rühren Sie das Korianderpulver, den Kreuzkümmel sowie die Kurkuma ein, lassen Sie alles kurz ziehen und geben Sie dann die Süßkartoffel- und Karottenwürfel dazu. Braten Sie alles unter stetem Rühren so lange weiter, bis das Gemüse anfängt, braun zu werden.
Geben Sie die abgetropften Kichererbsen, das Tomatenmark, den Zimt sowie etwas Wasser dazu, dass eine dicklich-sämige Soße entsteht. Köcheln Sie auf kleiner Flamme das Gemüse weich.
Geben Sie nun die Kokosmilch, die Garam Masala sowie Salz nach Geschmack dazu. Lassen Sie alles für weitere ca. 5 Minuten auf kleiner Flamme ziehen, sodass sich die einzelnen Geschmacksnuancen gut verbinden können und sich die Soße noch etwas verdickt.
Servieren Sie das Gericht mit einigen Zwiebelstreifen, frischem Koriander sowie einem Schuss Zitronensaft.

Kartoffel-Erbsen-Curry

Dieses Curry vereint neue Kartoffeln mit frischen Erbsen zu einem leicht zuzubereitenden Tiffin-Gericht.

(ergibt 4 – 6 Portionen)
600 g kleine neue Kartoffeln, gewürfelt
½ TL Kurkuma, gemahlen
4 EL Sonnenblumenöl
2 TL schwarze Senfkörner
14 Curryblätter
1 große Zwiebel, gehackt
frischer Ingwer (ca. 4 cm lang), geschält und sehr klein geschnitten
4 Knoblauchzehen, zerdrückt
3 grüne Chilischoten, fein gehackt
2 TL Korianderpulver
400 g Tomatenstücke aus der Dose
225 g frische Erbsen
Salz
2 TL Garam Masala

Geben Sie die Kartoffeln zusammen mit der Kurkuma und genügend Wasser (die Kartoffeln sollten bedeckt sein) in einen mittelgroßen Topf. Kochen Sie alles einmal auf, reduzieren Sie die Hitze und kochen Sie die Kartoffeln weich. Gießen Sie das Kochwasser ab und stellen Sie den Topf zur Seite; halten Sie aber 2 Tassen Kochwasser zum Weiterverarbeiten zurück.
Erhitzen Sie das Öl in einem großen Wok. Geben Sie die Senfkörner in das siedend heiße Öl. Wenn diese angeröstet sind, rühren Sie die Curryblätter, die Zwiebel, den Ingwer, den Knoblauch sowie den Chili ein. Braten Sie das Ganze unter stetem Rühren so lange, bis die Zwiebel weich, aber nicht braun ist.
Geben Sie das Korianderpulver sowie die vorgekochten Kartoffelwürfel dazu und mischen Sie sie gut mit den Gewürzen. Nun kommen die Tomaten, die Erbsen sowie das zurückgehaltene Kochwasser dazu.
Schmecken Sie mit Salz ab und köcheln Sie das Ganze so lange auf kleiner Flamme, bis die Erbsen durch sind und sich die Soße verdickt hat. Rühren Sie zum Schluss die Garam Masala unter und lassen Sie alles vor dem Servieren nochmals für einige Minuten auf kleiner Flamme ziehen.

Chili-Garnelen aus Goa

In diesem Rezept werden marinierte Garnelen erst in Grieß paniert und anschließend ausgebraten.

(ergibt 20 Stück)
20 große rohe Garnelen, entdarmt
grober Weizengrieß zum Panieren
Sonnenblumenöl zum Ausbraten

Für die Marinade:
1 knapper TL Kurkuma, gemahlen
1 TL Chilipulver (je nach Geschmack)
½ TL Kreuzkümmel, gemahlen
2 Knoblauchzehen, zerdrückt
frischer Ingwer (ca. 1 cm lang), geschält und geraspelt
½ TL Tamarindenkonzentrat (optional)
2 EL Limettensaft
Salz

Zum Anrichten: Limettenspalten

Mischen Sie die Zutaten für die Marinade in einer Schüssel und geben Sie die gereinigten Garnelen dazu. Rühren Sie alles gut durch, sodass die Garnelen schön von der Marinade bedeckt sind. Lassen Sie das Ganze eine halbe Stunde ziehen.
Geben Sie eine Tasse Grieß in eine kleine Schüssel. Wenden Sie die marinierten Garnelen darin, sodass sie gleichmäßig und vollständig bedeckt sind (füllen Sie notfalls etwas Grieß nach).
Bedecken Sie den Boden einer Pfanne mit Antihaftbeschichtung mit Sonnenblumenöl und erhitzen Sie dieses. Sobald es siedend heiß ist, braten Sie nach und nach die Garnelen auf beiden Seiten goldbraun aus.
Geben Sie vor dem Servieren noch einen Schuss Limettensaft über die Garnelen oder bieten Sie Limettenspalten dazu an.

Aubergine mit Fetakäse auf Rote Bete-Curry

Reichen Sie dieses Gericht wahlweise heiß oder kalt mit Chapati (Fladenbrot) und einem gemischten Blattsalat.

(ergibt 4 – 6 Portionen)
1 mittelgroße Aubergine, in dünne Streifen geschnitten
Salz
½ TL Kurkuma, gemahlen
Sonnenblumenöl
1 gehäufter TL schwarze Senfkörner
15 Curryblätter
1 mittelgroße rote Zwiebel, halbiert und dann in dünne Streifen geschnitten
frischer Ingwer (ca. 2 cm lang), geschält und geraspelt
2 Knoblauchzehen, fein gehackt
2 rote Chilischoten, klein geschnitten
3 mittelgroße Rote Bete, geschält und in Streifen geschnitten
250 g Fetakäse, in Würfel gebröckelt
110 g Walnüsse, gehackt
eine Handvoll frischer Koriander, gehackt

Für das Kurkuma-Öl-Dressing: 3 EL Olivenöl; ¼ TL Kurkuma, gemahlen; 1 EL Limettensaft; Salz und frisch gemahlener schwarzer Pfeffer

Geben Sie die Aubergine in einen Sieb und bestreuen Sie sie mit etwas Salz. Stellen Sie das Ganze dann für eine halbe Stunde zur Seite. Tupfen Sie nun die einzelnen Streifen trocken, ehe Sie die Kurkuma darüberstreuen. Erhitzen Sie einen guten Schuss Sonnenblumenöl in einem Wok und braten Sie darin die Auberginenstreifen auf beiden Seiten braun aus.
Geben Sie nochmals etwas Sonnenblumenöl in den gleichen Wok und rösten Sie darin die Senfkörner kurz an. Geben Sie die Curryblätter, die Zwiebel, den Ingwer, den Knoblauch sowie den Chili dazu und braten Sie alles unter stetem Rühren weich. Geben Sie die Rote Bete dazu und braten Sie alles so lange, bis auch diese weich ist.
Für das Kurkuma-Öl-Dressing erhitzen Sie zunächst vorsichtig das Olivenöl zusammen mit der Kurkuma, bis diese sich gelöst hat. Geben Sie dann den Limettensaft dazu und schmecken Sie mit Salz und frisch gemahlenem schwarzen Pfeffer ab.
Richten Sie das Ganze wie folgt an: Auf die Rote-Bete-Masse kommen die gebratenen Auberginenscheiben sowie der Feta und anschließend die gehackten Walnüsse sowie der Koriander. Zum Schluss träufeln Sie etwas Kurkuma-Öl-Dressing darüber.

Raitas (Joghurtgetränk)

Ein gekühltes Raita auf Joghurt-Basis mildert sogar das schärfste Curry.

Gurken-Minze-Raita

(ergibt 4 – 6 Portionen)
250 g Naturjoghurt
die Hälfte einer mittelgroßen Gurke, geschält, entkernt und geraspelt
frischer Ingwer (ca. 1 cm lang), geschält und geraspelt
eine kleine Handvoll frische Minze, fein gehackt
¼ TL Kreuzkümmelpulver, geröstet
¼ TL schwarzer Pfeffer, gemahlen
Salz

Verquirlen Sie den Joghurt mit einer Gabel, bis er schön weich und cremig ist. Mischen Sie ihn anschließend mit den restlichen Zutaten. Geben Sie Ihr Raita vor dem Servieren zum Kühlen in den Kühlschrank.

Papaya-Dattel-Raita

(ergibt 4 – 6 Portionen)
250 g Naturjoghurt
1 TL Senfkörner
2 EL Kokosflocken
die Hälfte einer festen kleinen Papaya, geschält, entkernt und geraspelt
3 weiche frische Datteln, sehr klein geschnitten
eine kl. Handvoll frischer Koriander, fein gehackt
¼ TL Ingwerpulver
1 TL Honig
Salz

Verquirlen Sie den Joghurt mit einer Gabel, bis er schön weich und cremig ist. Rösten Sie die Senfkörner in einer heißen Pfanne kurz an, geben Sie die Kokosflocken dazu und rösten Sie alles für einige weitere Minuten, bis die Kokosflocken goldbraun sind. Lassen Sie das Ganze etwas abkühlen, dann mischen Sie es mit dem Joghurt. Rühren Sie die restlichen Zutaten ein und kühlen Sie das Raita vor dem Servieren im Kühlschrank.

Tiffin am Nachmittag

Die durch und durch britische Tradition, nachmittags Tee zu trinken, wurde auch in Indien sehr schnell in den kulinarischen Tagesablauf integriert. Ein Tiffin, bestehend aus einer Tasse köstlichen Orange-Pecoe-Tee aus heimischem Anbau samt Häppchen und süßen Köstlichkeiten, füllte die Lücke zwischen dem Mittag- und Abendessen. Pikante Kleinigkeiten, zu denen es scharfe Chutneys gab, kamen mit auf die Kuchen-Etagere. Koriander- und Pfefferminz-Chutneys fanden den Weg in feine Gurkensandwiches, frischer Ingwer kam in die Kuchen. Manche Köche konnten auch der Versuchung nicht widerstehen, eine Prise Kardamom in die Scones und einen Schuss Rosenwasser in die Schlagsahne zu mischen. Im kühleren Klima des indischen Berglands wurden Erdbeeren angebaut, damit auf die überaus beliebte Erdbeermarmelade nicht verzichtet werden musste. Für die Offiziere draußen im Feld wurde das Nachmittags-Tiffin eingepackt und dann an Ort und Stelle hübsch angerichtet serviert.

Tee

Die unersättliche Lust auf Tee spielte bei den Briten in Indien eine große Rolle. Im Bestreben, das chinesische Monopol im Teehandel zu brechen, wurden aus China geschmuggelte Samen im botanischen Garten von Kalkutta zum Keimen gebracht und dann in den Hügeln von Assam und Darjeeling angebaut. Der Tee aus Assam ergab einen starken, robusten Sud, wohingegen der Darjeeling wegen der perfekten Kombination von feuchtwarmem Klima und Höhe einen feineren und höherwertigen Tee ergab, der schon bald als der «Champagner» unter den Teesorten angesehen wurde.
Tee wurde rasch zum Lebensnerv Indiens. Aromatisiert mit Gewürzen, wird er auch heute noch von Kaschmir bis Kalkutta in großen Mengen konsumiert, ob morgens im Bett als Wachmacher, zu allen Mahlzeiten oder als Hilfsmittel bei Verhandlungen auf den Märkten. Ob er nun aus eleganten Porzellanteetassen genippt, aus handgemachten Tonbechern geschlürft oder von Lastwagenfahrern am Straßenrand hinuntergestürzt wird – Tee ist das über alle Klassen hinweg bedeutsamste Erfrischungsgetränk Indiens.

Darjeeling Tee

Um das leichte, duftende Aroma des «Champagners aller Teesorten» voll genießen zu können, muss man ihn schwarz und unverfälscht trinken.
Die ersten jungen Blättchen des Darjeeling, die schon Mitte März nach den Frühjahrsregen gepflückt werden, ergeben das edelste Teegetränk. Der Tee der zweiten, etwas späteren Ernte ist bernsteinfarben und vollmundiger im Geschmack. Im Laufe des Jahres wird die Qualität des Tees dann zunehmend schlechter.
Für die perfekte Tasse Tee geben Sie einen Teelöffel Darjeeling-Teeblätter in eine vorgewärmte Kanne und gießen Sie heißes, jedoch nicht mehr kochendes Wasser darüber. Lassen Sie den Tee drei Minuten lang ziehen und gießen ihn dann durch ein Sieb in eine zweite vorgewärmte Kanne ab. Die Teeblätter können gut noch für einen weiteren Aufguss verwendet werden.

Gurkensandwiches mit pikantem Minze-Koriander-Chutney

Dies sind klassische Gurkensandwiches mit einer indischen Note. Das perfekte Gurkensandwich ist übrigens eine Kunst – das Brot muss unbedingt sehr frisch, ohne Kruste und in ganz dünne Scheiben geschnitten sein. Die Gurken müssen gesalzen werden. Und achten Sie darauf, dass sie fest und knackig sind.

(für 4 – 6 Portionen)
½ große Gurke, geschält und in sehr dünne Scheiben geschnitten
Meersalz
12 dünne Brotscheiben, abgeschnitten von einem hellen Kastenbrot
weiche Butter

Für das Chutney:
eine Handvoll frischer Koriander
eine Handvoll frische Minze
1 – 2 grüne Chilischoten, fein gehackt
1 EL Zitronensaft
1 knapper TL Kreuzkümmel, gemahlen
1 Prise Salz

Schälen Sie die Gurke und schneiden Sie sie in sehr feine Scheiben. Geben Sie die Scheiben in ein Sieb und bestreuen Sie sie mit etwas Salz. Lassen Sie das Ganze ca. 15 Minuten abtropfen. Bereiten Sie in der Zwischenzeit das Chutney zu: Verrühren Sie dafür alle Zutaten in einem Mixer zu einer glatten Paste (eventuell etwas Wasser zugeben).
Trocknen Sie nun die Gurkenscheiben mit Küchenpapier gut ab.
Streichen Sie die Butter dünn auf die Brotscheiben und geben Sie auf sechs davon das Chutney, gefolgt von zwei Lagen Gurkenscheiben. Darauf drücken Sie vorsichtig die restlichen sechs gebutterten Brotscheiben.
Schneiden Sie die Brotkruste ab und anschließend die Sandwiches diagonal in Dreiecke. Sie sollten sofort serviert werden, da das Brot sehr schnell austrocknet.
Sollten Sie aber doch warten müssen, so bedecken Sie die Sandwiches mit einem feuchten Küchentuch oder Frischhaltefolie.

Sandwiches mit Karotten-Käse-Tomaten-Chutney

Mischen Sie geriebene Karotten und Cheddar-Käse zu gleichen Teilen mit etwas gehackten Korianderblättern. Geben Sie noch etwas Chaat Masala (siehe Seite 96) hinzu und schmecken Sie das Ganze ab. Schneiden Sie dunkles Kastenbrot in dünne Scheiben. Bestreichen Sie es mit Butter und Tomaten-Chutney (siehe unten). Belegen Sie dann jeweils eine Brotscheibe mit der Karotten-Käse-Mischung und legen Sie eine zweite darauf. Schneiden Sie die Brotkruste ab, anschließend teilen Sie die Sandwiches in Streifen.

Tomaten-Chutney

(für 4 – 6 Portionen)
3 EL Sonnenblumenöl
1 TL Kreuzkümmelsamen
1 TL schwarze Senfsamen
½ TL Schwarzkümmelsamen
1 Knoblauchzehe, fein gehackt
½ – 1 TL Chiliflocken
6 mittelgroße reife Tomaten, fein gewürfelt
¼ TL schwarzer Pfeffer, gemahlen
1 TL Honig
Salz

Erhitzen Sie das Öl in einer kleinen Pfanne und geben Sie die Samen hinein. Rösten Sie sie kurz an und fügen Sie dann den Knoblauch und die Chiliflocken hinzu. Braten Sie alles weiter, bis der Knoblauch braun und knusprig ist. Rühren Sie nun die Tomaten, den Honig, Pfeffer und Salz unter. Lassen Sie alles leicht köcheln, bis die Tomaten weich sind und das Chutney eindickt.

TIFFIN TIME
2·00PM - 2·30PM

SPECIAL MASALA TEA
DARJEELING TEA
ASSAM TEA
NILGIRI TEA
KASHMIRI GREEN TEA
VISHNU EMPORIUM
TEA

INDIAN COFFEE HOUSE
WORKING HOUR :-
12-00 To 8-00 P.M.

Kleine Häppchen

Die Lieblingstiffins – zubereitet als kleine Appetithäppchen – sind genau das Richtige am Nachmittag, ohne jedoch den Appetit fürs Abendessen zu verderben.

Mini-Khasta Kachoris

Mini-Khasta Kachoris (Rezept siehe Seite 120) schmecken auch gut zum Tee. Für eine leichtere Füllung der Brötchen sollten Sie vielleicht die Linsen durch frische Erbsen ersetzen.

Mini-Uttapams (dicke Pfannkuchen)

Uttapams sehen ein wenig wie eine Kreuzung aus Brötchen und Pfannkuchen aus. Sie werden aus einer Mischung aus Reis- und Dhalmehl hergestellt und mit gewürfelten Chilischoten, Tomaten, Zwiebeln und Koriander belegt. Dazu schmeckt ein Kokos-Chutney besonders gut (siehe Seite 68).

In asiatischen Läden gibt es das Mehl für die Uttapams als Fertigmischung. Wenn Sie das nicht bekommen, können Sie genauso gut Dosa-Mehl als Fertigmischung verwenden – oder ganz einfach selbst mischen. Üblicherweise lässt man den Teig über Nacht gehen. Sie können diesen Prozess aber auch durch die Zugabe von Backpulver abkürzen.

(für 4 – 6 Portionen)

225 g Uttapam- oder Dosa-Mehl
(oder 150 g Reismehl und 75 g Dhal-Mehl)
1 TL Zucker
Salz
2 EL Naturjoghurt
1 gestrichener TL Backpulver

3 mittelgroße Tomaten, fein gewürfelt
1 kleinere rote Zwiebel, fein gehackt
3 grüne Chilischoten, fein gehackt
eine gute Handvoll frischer Koriander, fein gehackt
Sonnenblumenöl zum Braten

Zum Anrichten: Kokos-Chutney (siehe Seite 68)

Sieben Sie das Mehl in eine Schüssel und geben Sie den Zucker sowie eine Prise Salz dazu. Machen Sie in der Mitte eine Vertiefung und rühren Sie allmählich kleine Mengen Wasser hinein, bis Sie einen dicken, glatten Teig ohne Klumpen haben.

Schlagen Sie jetzt den Joghurt und das Backpulver so lange unter, bis der Teig leicht und schaumig wird. Geben Sie die Tomaten mit den Zwiebeln, den Chilischoten und dem Koriander dazu und lassen Sie den Teig ca. 10 Minuten gehen.

Streichen Sie eine große, flache Bratpfanne mit dem Öl aus und erhitzen Sie es. Das Fett ist dann heiß genug, wenn ein Tropfen Wasser darin kräftig zischt. Füllen Sie nun mit einer Schöpfkelle drei bis vier Portionen vom Teig in die Pfanne und backen Sie kleine, dicke Pfannkuchen aus.

Sobald sich an der Oberfläche Blasen bilden, wenden Sie die Küchlein. Verfahren Sie mit dem restlichen Teig genauso.

Servieren Sie die Uttapams noch warm mit Kokos-Chutney.

Kokos-Chutney

75 g frisch geriebene Kokosflocken
frischer Ingwer (ca. 2,5 cm lang), geschält und gerieben
2 grüne Chilischoten, fein gehackt
2 EL Zitronensaft
3 EL Naturjoghurt
1 TL Honig
Salz

Als besonderer Pfiff:
1 EL Sonnenblumenöl
1 TL schwarze Senfkörner
¼ TL grobe schwarze Pfefferkörner
10 Curryblätter

Mischen Sie die Kokosflocken mit dem Ingwer, dem Chili, dem Zitronensaft, dem Joghurt sowie dem Honig im Mixer zu einer glatten Masse. Schmecken Sie das Chutney mit Salz ab und füllen Sie es anschließend in eine Schüssel.
Wenn Sie mögen, erhitzen Sie jetzt das Öl in einer kleinen Pfanne und geben die Senfkörner hinein. Wenn diese leicht angeröstet sind, fügen Sie die Pfefferkörner und die Curryblätter hinzu und lassen alles kurz braten. Geben Sie diese Mischung nun auf das Chutney.

Limetten-Limonade

An einem schwülen Nachmittag passt eine kühle Limonade hervorragend zu einem pikanten Imbiss. Limonade wurde oft als «der beste Durstlöscher der Kolonien» bezeichnet. Normalerweise gehört auch eine Prise Salz hinein – gesüßt wird mit Zuckersirup. Zur Herstellung des Sirups müssen Sie Zucker und Wasser zu gleichen Teilen in einem kleinen Topf mischen und bei kleiner Flamme so lange erwärmen, bis der Zucker gelöst ist. Lassen Sie den Sirup abkühlen und bewahren Sie ihn dann im Kühlschrank auf.

(pro Person)
1 unbehandelte Limette
eine dünne Scheibe Ingwer, geschält
eine Scheibe Zitrone
Zucker
2 EL Zuckersirup (oder je nach Geschmack)
¼ TL Salz (nach Wahl)
Eiswürfel
Sodawasser
eine kleine Handvoll frische Minze

Reiben Sie den Rand eines großen Glases mit dem Ingwer und der Zitrone ein. Tauchen Sie ihn anschließend so in den Zucker, dass dieser haftet. Drücken Sie die Limette aus und schneiden Sie die Schale in Stücke. Geben Sie Saft und Schale in das Glas, dann fügen Sie den Sirup und eventuell Salz hinzu. Füllen Sie schließlich mit dem Sodawasser auf.

BLUE
GIN
PIPERS

Feine Dhokla (Kichererbsen-Häppchen)

Diese leichten und lockeren Häppchen mit pfiffiger Garnitur sind ein idealer Nachmittagsimbiss.

Dhokla werden aus dampfgegartem Kichererbsenteig gemacht. Wenn Sie keinen Dampfgarer besitzen, können Sie die Form auch auf einem Gitter oder einem umgestülpten Teller in einen Topf mit etwas Wasser geben. Bringen Sie das Wasser zum Kochen und decken Sie alles ab.

Kichererbsenmehl oder Besan bekommen Sie in Asia-Läden, Reformhäusern und gut sortierten Supermärkten.

(für 4 – 6 Portionen)
150 g Kichererbsenmehl
½ TL Kurkuma, gemahlen
1 TL Zucker
½ TL Salz
Saft einer Zitrone
1 TL frischer Ingwer, sehr fein geraspelt
1 gehäufter TL Natron

Für den Belag:
2 EL Sonnenblumenöl
3 grüne Chilischoten,
in feine Streifen geschnitten
2 TL schwarze Senfkörner
1 TL Sesamsamen
10 Curryblätter
1 gehäufter EL Kokosflocken

Zum Garnieren:
eine Handvoll frischer Koriander, gehackt
Kokosflocken
Dattel-Tamarinde-Chutney (siehe Seite 89)

Fetten Sie eine Kuchen- oder Auflaufform (23 cm) mit etwas Sonnenblumenöl ein.

Sieben Sie das Kichererbsenmehl mit der Kurkuma in eine Schüssel. Machen Sie in der Mitte eine Vertiefung, in welche Sie allmählich 200 ml warmes Wasser hineinrühren, bis ein glatter Teig entsteht. Fügen Sie Zucker, Salz, Zitronensaft, Ingwer und zum Schluss das Natron hinzu. Füllen Sie den Teig sofort in die vorbereitete Form.

Setzen Sie die Form entweder in den präparierten Topf mit Wasser und legen Sie den Deckel auf oder garen Sie alles für ca. 15 Minuten im Dampfgarer.

Wenn Sie mit einem Holzstäbchen die Garprobe machen, darf daran kein Teig mehr hängen bleiben. Nehmen Sie das Dhokla aus der Form und lassen Sie es 10 Minuten abkühlen. Nun können Sie es in mundgerechte Stücke schneiden.

Für den Belag erhitzen Sie das Öl in einer Pfanne und rösten darin die Chilistreifen mit den Senfkörnern kurz an. Danach geben Sie die Sesamsamen, die Curryblätter und die Kokosflocken zu. Braten Sie so lange weiter, bis die Kokosraspeln goldbraun sind. Fügen Sie 4 EL Wasser hinzu (Vorsicht – es wird spritzen!) und gießen Sie anschließend die Mischung gleichmäßig auf die Dhokla.
Bestreuen Sie die Häppchen nun noch mit dem gehackten Koriander und einigen Kokosflocken und reichen Sie als Dip ein Dattel-Tamarinde-Chutney (siehe Seite 89) dazu.

Mini-Samosas (Teigtaschen)

Samosas sind perfekte «Lückenfüller». Straßenstände und Cafés bieten sie immer frisch an. Man kann sie sich schlicht nicht ohne einen Masala-Tee vorstellen – denn beides zusammen ist eine im Himmel geschlossene Ehe.
Wenn Sie zu den frittierten Samosas gerne eine leichtere Alternative hätten, dann backen Sie sie auf einem mit Backpapier belegten Blech ca. 15 Minuten im Backofen bei 200 °C goldbraun.

(für ca. 18 Stück)
225 g fertiger Mürbeteig
1 mittelgroße (ca. 250 g) Kartoffel, geschält und gewürfelt
2 EL Sonnenblumenöl
1 TL Kreuzkümmelsamen
1 mittelgroße Zwiebel, gewürfelt
3 grüne Chilischoten, fein gehackt
1 TL Garam Masala
½ TL Kreuzkümmel, gemahlen
50 g frische oder tiefgefrorene Erbsen
Salz
Sonnenblumenöl zum Ausbraten

Kochen Sie die Kartoffeln in Salzwasser und zerdrücken Sie sie anschließend grob.
Erhitzen Sie das Öl in einer kleinen Pfanne und geben Sie die Kreuzkümmelsamen hinein. Sobald diese leicht angeröstet sind, fügen Sie die Zwiebeln und die Chilischoten dazu. Braten Sie alles, bis die Zwiebeln weich sind.
Fügen Sie nun das Garam Masala, die Kurkuma sowie die Erbsen hinzu und braten Sie alles unter stetem Rühren für wenige Minuten weiter, ehe Sie das Kartoffelpüree einrühren. Lassen Sie die Füllung nun abkühlen.
Rollen Sie den Teig auf einer leicht bemehlten Fläche ziemlich dünn, aber noch «bruchsicher» aus. Stechen Sie Kreise von ca. 10 cm Durchmesser aus, die Sie dann halbieren. Befeuchten Sie bei jedem der Halbkreise den Rand mit etwas Wasser und rollen Sie ihn dann von der geraden Seite her so ein, dass eine Art Tüte entsteht. Drücken Sie den Rand gut an. Füllen Sie nun jeweils reichlich einen TL der vorbereiteten Kartoffelmasse in die Tüte und drücken Sie noch einmal alles gut fest.
Erhitzen Sie das Öl in einem Wok (oder einer Fritteuse) und braten Sie die Samosas goldbraun aus. Entfetten Sie sie vor dem Servieren kurz auf Küchenpapier.

राष्ट्रपति चुनाव
की बिछी

Ingwerlebkuchen

Feuchte, gehaltvolle Ingwerkuchen, die über Nacht nur noch besser werden. Streichen Sie eventuell auch noch Butter darauf.

150 g weiche Butter
110 g brauner Zucker
1 großes Ei, geschlagen
225 ml Zuckersirup und Honig (halb und halb)
300 g Mehl
1 gehäufter TL Natron
2 TL Ingwerpulver
2 TL frischer Ingwer, geraspelt
1 TL Zimt
½ TL Nelkenpulver
250 ml warme Vollmilch

Legen Sie Backpapier auf ein tiefes Backblech und heizen Sie den Backofen auf 180 °C vor. Rühren Sie die weiche Butter mit dem Zucker zu einer cremigen Masse. Schlagen Sie das Ei unter, gefolgt von der Honig-Sirup-Masse.
Sieben Sie das Mehl zusammen mit dem Natron und den Gewürzen in eine Schüssel und geben Sie die Mischung löffelweise in den Teig. Zum Schluss kommt die lauwarme Milch dazu. Streichen Sie den Teig auf das Backblech und backen Sie ihn ca. eine Stunde. Bei der Garprobe muss ein Holzstäbchen ohne Teigreste bleiben.
Lassen Sie das Gebäck etwas abkühlen, dann stürzen Sie es auf ein Kuchengitter und ziehen das Papier vorsichtig ab.
Wenn die Teigplatte vollständig erkaltet ist, können Sie sie in kleine verführerische Rechtecke aufschneiden.

Kardamom-Scones

Servieren Sie diese Miniscones noch ofenwarm mit einem Klecks Erdbeermarmelade und mit Rosenwasser aromatisierter Schlagsahne.

(für ca. 18 Stück)
225 g Mehl
1 TL Backpulver
1 TL Kardamom, gemahlen
eine Prise Salz
75 g weiche Butter, in kleinen Würfeln
25 g Zucker
1 großes Ei
75 ml Vollmilch

Zum Servieren: Erdbeermarmelade und mit Rosenwasser aromatisierte Schlagsahne

Heizen Sie den Backofen auf 220 °C vor.
Sieben Sie das Mehl mit dem Backpulver, dem Kardamom und dem Salz in eine Schüssel und fügen Sie die weiche Butter hinzu. Kneten Sie alles zu einem krümeligen Teig.
Schlagen Sie das Ei mit der Milch. Bewahren Sie 1 EL der Mischung auf, den Rest mischen Sie mit der Krümelmasse, bis ein weicher Teig entsteht. (Kneten Sie aber nicht zu lange, da die Scones sonst fest und schwer werden!)
Wellen Sie den Teig auf einer bemehlten Oberfläche 2,5 cm dick aus und stechen Sie kleine runde Plätzchen (Durchmesser ca. 4 cm) aus, die Sie auf ein mit Backpapier belegtes Blech legen. Bepinseln Sie die Scones mit der zur Seite gestellten Ei-Milch-Mischung und backen Sie sie 10 bis 15 Minuten, bis sie gut aufgegangen und goldbraun sind.

Schlagsahne mit Rosenwasser

Schlagen Sie die Sahne sehr steif und heben Sie dann nach Geschmack Puderzucker und ein wenig Rosenwasser unter. Duft und Geschmack bilden ein köstliches Ganzes!

THE BEST
SHREWSBURY
IN TOWN
I MEAN IT
FRESH
APPLE PIE
7MULTI
GRAIN
TOSAT
BREADS
7 MULTI GRAIN
WHOLE WHEAT
BROWN BREAD
OLIVE AND HERB
CINNAMON BUN
RAISIN BUNS

Shrewsbury-Butterkekse

Den iranischen Cafés in Bombay – seit Generationen von Immigranten geführt – mit ihren Bugholzstühlen, den Marmortischchen und Spiegeln an den Wänden haftet eine ganz außergewöhnliche Atmosphäre an, die von dem Tick-Tack einer Pendeluhr noch unterstrichen wird. Ihre berühmten Backwaren – wie das weiche Brot und die Brötchen, Sand- und Apfelkuchen, besonders aber die «besten Shrewsbury-Kekse der Stadt» – lassen den britischen Einfluss deutlich spüren. Diese Kekse sind nach ihrem Herkunftsort, einer Stadt in Shropshire, benannt und überall in Indien äußerst beliebt.

Versuchen Sie es auch einmal damit, dieses zitronige Buttergebäck in kräftigen Tee mit einem Extralöffel Kondensmilch zu tunken.

(für etwa 20 Stück)

110 g weiche Butter
150 g feiner Zucker (und noch etwas mehr zum Bestäuben)
2 Eigelb
1 TL Kümmel
225 g gesiebtes Mehl
1 TL Backpulver
geriebene Schale einer unbehandelten Zitrone

Heizen Sie den Backofen auf 180 °C vor. Rühren Sie Butter und Zucker zu einer leichten, cremigen Masse. Geben Sie die Eigelbe nach und nach dazu. Rühren Sie nun das gesiebte Mehl mit dem Backpulver, der Zitronenschale und dem Kümmel unter. Kneten Sie alles zusammen zu einem festen Teig.

Wellen Sie den Teig auf einer leicht bemehlten Fläche ca. 0,5 cm dick aus. Stechen Sie runde Plätzchen (Durchmesser 6 cm) aus und legen Sie diese auf ein gefettetes Backblech oder Backpapier.

Backen Sie die Plätzchen in ca. 15 Minuten goldbraun und bestreuen Sie sie mit dem restlichen Zucker, ehe sie auf einem Kuchengitter auskühlen sollten.

Safrantee aus Kaschmir

Bei den kühlen Temperaturen in Kaschmirs Hügelland trinkt man den aromatischen Safrantee, um sich vor Erkältungen zu schützen. Der klare goldfarbene «Nektar» wird über Mandelblättchen gegossen. Sie können als Variante nach der Hälfte der Kochzeit auch noch 2 TL grüne Teeblätter zum Sud dazugeben.

(für 4 – 6 Portionen)
1 l Wasser
3 gute Prisen Safran
1 Zimtstange
8 Kardamomschoten, zerdrückt
3 EL Mandelblättchen
Honig nach Geschmack

Bringen Sie das Wasser mit dem Safran, dem Zimt sowie dem Kardamom in einem Topf zum Kochen. Reduzieren Sie dann die Hitze und lassen Sie das Gebräu etwa 10 Minuten bei geschlossenem Deckel köcheln.
Geben Sie einige Mandelblättchen in jede Tasse und gießen Sie anschließend den Tee darüber. Süßen Sie mit dem Honig je nach Geschmack.

Karotten-Halva

Es ist fast unmöglich, an den Süßwarenständen, die stapelweise verführerisches Naschwerk in allen Formen und Farben anbieten, vorbeizugehen, ohne etwas zu kaufen. Indische Süßigkeiten – aufregende Mischungen aus Milch, Ghee, Zucker und Nüssen, gekocht mit Rosenwasser und Kardamom – sind nichts für Genießer, die schnell schwach werden. An Festtagen werden große Schachteln mit diesen Süßigkeiten gefüllt und zum Feiern mit nach Hause genommen. Zum täglichen Tee am Nachmittag gibt es – wesentlich bescheidener – ein oder zwei süße Teilchen als kleine, aber leckere Sünde.

Karotten-Halva ist ein wenig «tugendhafter» und wird entweder heiß gegessen oder kalt in kleine Ecken geschnitten. Eine schöne Abwandlung des Rezepts erhält man mit Rote Bete.

(für 4 – 6 Portionen)

3 EL Ghee, wahlweise ungesalzene Butter
50 g Cashewkerne
25 g Mandelsplitter
250 g Karotten, geraspelt
550 ml Vollmilch
175 g feiner Zucker
½ TL Kardamom, gemahlen

Schmelzen Sie die Ghee in einem schweren Topf und rösten Sie darin die Cashewkerne und Mandeln goldbraun. Nehmen Sie die Nüsse aus dem Topf und stellen Sie sie zur Seite. Geben Sie nun die Karotten in das Fett und dämpfen Sie sie weich. Löschen Sie mit der Milch ab und lassen Sie die Masse auf kleiner Flamme köcheln, bis die Flüssigkeit auf die Hälfte reduziert ist. Geben Sie den Zucker und abschließend noch den Kardamom dazu und köcheln Sie alles unter ständigem Rühren so lange, bis die Milch vollständig reduziert ist und die Karotten eine sirupartige Konsistenz haben. Rühren Sie jetzt die gerösteten Nüsse ein.

Zum Abkühlen drücken Sie das Halva in eine rechteckige Form und lassen es im Kühlschrank ruhen. Zum Servieren schneiden Sie es dann in mundgerechte Ecken.

Kleine Zwischenmahlzeiten

Naschen gehört zur indischen Kultur! Sobald ein Hungergefühl aufkommt, findet sich aber schnell der nächste Imbissstand in Reichweite, der allerlei Köstlichkeiten anbietet. Tag und Nacht sind irgendwelche Kleinigkeiten zu bekommen, die es in schier endloser Vielfalt gibt – mundgerecht zubereitet und ungemein schmackhaft.

Bei Sonnenuntergang zieht es Familien, Freunde und Pärchen zum goldfarbenen Sand an Bombays Chowpatty-Strand, um dort die pikanten Häppchen zu kosten. In den Straßen von Kalkutta machen Büroangestellte an kleinen Läden kurz Halt, um sich schnell ein frisch zubereitetes Kathi-Brötchen zu kaufen. Überall in Indien bieten kleine Stände am Straßenrand müden Reisenden köstliche Gerichte an: von Chili-Käse-Toastbrötchen und Masala-Teigtaschen bis hin zu frisch gepresstem Zuckerrohrsaft und sahnigem Lassi (indisches Joghurt-Buttermilch-Getränk). Umherwandernde Straßenverkäufer machen lautstark mit den Klingeln ihrer alten klapprigen Fahrräder auf ihre Waren aufmerksam, während sie ihre beladenen Handwagen durch die vollen Straßen schieben. Eis, frisches Obst, Kartoffelpastetchen und Chili-Pakora (im Teigmantel frittiertes Gemüse) – alles ist im Angebot.

Ob in Bäckereien oder Süßwarenläden, Bars oder Cafés – wo immer sich Leute treffen, gibt es eine Reihe verschiedener köstlicher Tiffins zu kaufen. Sie können gewiss sein, dass Sie, selbst nach einem anstrengenden Aufstieg zu einem Tempel auf einem Berg, am Gipfel ein Stand erwartet, an dem Ihnen frisch zubereiteter heißer Tee angeboten wird. Und im tiefsten Land, wo der Zug in einem verschlafenen Nest kurz anhält, werden sich sofort Händler mit ihren Körben auf den Bahnsteig drängen, um die Passagiere mit verlockenden selbst gemachten Köstlichkeiten zum Kauf zu verleiten. Ja, naschen gehört eben zur indischen Kultur.

Chaats vom Chowpatty-Strand

Bei Sonnenuntergang herrscht an Bombays Hausstrand Chowpatty richtige Volksfeststimmung. Hier ist der ideale Ort für einen kleinen Spaziergang, eine Fahrt im Paddelboot und vor allem natürlich für einen kleinen Snack. Der Legende nach sind die Chaats (der indische Oberbegriff für Snacks aller Art) wie Bhelpuri oder Dhalpuri (gefüllte Brötchen) hier erfunden worden.

Die meisten Zutaten für Puris gibt es als Fertigmischungen in Asia-Läden. Füllen Sie einfach Ihren Vorratsschrank damit, dann haben Sie im Handumdrehen eine Auswahl leckerer Köstlichkeiten parat, die Sie nur kurz aufbacken oder in Ghee frittieren müssen.

Sie benötigen:

- Sev (dünne, frittierte Kichererbsenmehlnudeln)
- Puffreis
- Puri (kleine Blätterteighüllen)
- geröstete Erdnüsse
- Chaat Masala / Gewürzmischung (siehe Seite 96)

Dattel-Tamarinde-Chutney

Dattel-Tamarinde-Chutney gibt es überall zu Snacks, Salaten und Currygerichten. Man kann es fertig kaufen. Da man es aber auch ganz einfach selbst herstellen kann und es sich im Kühlschrank wochenlang gut hält, mache ich es immer selbst.

(für 1 Glas)

175 g Datteln, gehackt
1 EL Tamarindenkonzentrat
1 TL Kreuzkümmel, gemahlen
1 TL Kurkuma, gemahlen
½ TL Chilipulver
50 g brauner Zucker
275 ml Wasser
Salz

Geben Sie alle Zutaten in einen Topf und bringen Sie das Ganze zum Kochen. Reduzieren Sie anschließend die Hitze. Köcheln Sie alles bei geschlossenem Deckel für ca. 5 Minuten. Lassen Sie die Mischung abkühlen, dann zerkleinern Sie sie mit einem Schuss kaltem Wasser im Mixer zu einer glatten Paste. Bewahren Sie diese in einem luftdicht verschlossenen Glas im Kühlschrank auf.

Koriander-Chutney

(für 6 Portionen)

2 große Handvoll frischer Koriander
1 grüne Chilischote, grob gehackt
1 TL Kreuzkümmelpulver, geröstet
3 EL Zitronensaft
Salz

Zerkleinern Sie alle Zutaten im Mixer, fügen Sie dann einen Schuss kaltes Wasser dazu und mixen Sie so lange weiter, bis eine glatte Masse entsteht.

Dahi-Puri
(frittierte Brötchen mit Füllung)

Dies sind mundgerechte runde Brötchen, die Sie nach Herzenslust füllen können, z.B. mit gewürfelten Kartoffeln, Mungbohnen-Sprossen, Kichererbsen, Chutney und Joghurt. Stellen Sie all die verschiedenen Zutaten in Schüsselchen auf den Tisch und füllen Sie jedes Ihrer Puri mit dem, worauf Sie gerade Lust haben. Ein jeweils anderes Geschmackserlebnis wartet auf Sie.

(für 4 – 6 Personen, ca. 28 fertige Puribrötchen)

Für die Füllung:
1 mittelgroße geschälte, gekochte Kartoffel
½ rote Zwiebel, gewürfelt
1 Tasse gekochte Kichererbsen
1 Tasse Mungbohnen-Sprossen
etwas Zitronensaft
1 TL Chaat Masala
Chilipulver und Salz nach Geschmack

Zum Garnieren:
kleine Schälchen mit
Dattel-Tamarinde-Chutney (siehe Seite 89)
Koriander-Chutney (siehe Seite 89)
Naturjoghurt, cremig gerührt
frischer Koriander, gehackt
Paprikapulver
Garam Masala

Mischen Sie die Kartoffel, Zwiebel, Kichererbsen und Bohnensprossen mit einem guten Schuss Zitronensaft und würzen Sie nach Geschmack mit dem Chaat Masala, dem Chilipulver und Salz.
Füllen Sie die Mischung in eine Servierschüssel, die Sie dann zusammen mit den Zutaten für die Garnitur auf den Tisch stellen.
Für Dhal-Puri bohren Sie von oben ein Loch ins frisch gebackene Puri (siehe Seite 88), um es anschließend zum Teil mit der Kartoffelmasse zu füllen. Dazu kommt ein halber TL Dattel-Tamarinde-Chutney sowie Koriander-Chutney. Geben Sie zum Schluss einen TL Joghurt obenauf.
Garnieren Sie das Puri mit den Korianderblättern, bestreuen Sie es zum Schluss mit etwas Paprikapulver sowie Garam Masala und genießen Sie es sofort.

Bhel-Puri

Diese knusprige Mischung aus Sev (scharf gewürzte und frittierte Kichererbsennudeln), Puffreis, Mangos, Kartoffeln, Tomaten und Zwiebeln erhält durch ein Dressing aus Chutney und Zitronensaft einen besonderen Pfiff.

(für 4 – 6 Portionen)
4 Tassen Puffreis
1 große festkochende Kartoffel, geschält, gewürfelt und gekocht
½ feste Mango, gewürfelt
2 mittelgroße Tomaten, gewürfelt
½ rote Zwiebel, gewürfelt
1 – 2 grüne Chilischoten, fein gehackt
eine große Handvoll frischer Koriander, gehackt (und noch eine Extraportion zum Garnieren)
75 g Erdnüsse
1 TL Kreuzkümmel, gemahlen und geröstet
1 Tasse Sev (plus etwas für die Garnitur)

Für das Dressing:
5 EL Dattel-Tamarinde-Chutney (siehe Seite 89), verdünnt mit etwas Wasser
3 EL Koriander-Chutney (siehe Seite 89)
2 EL Zitronensaft
1 gehäufter EL Kreuzkümmel, gemahlen und geröstet
Salz

Verquirlen Sie zunächst die Zutaten für das Dressing mit einem Schneebesen.
Rösten Sie den Puffreis einige Minuten in einer heißen Bratpfanne, damit er sehr knusprig wird. Lassen Sie ihn etwas abkühlen und geben Sie dann die übrigen Zutaten sowie das Dressing dazu. Streuen Sie noch etwas Sev und Koriander darüber und servieren Sie sofort.

Chaat Masala (Gewürzmischung)

Diese Gewürzmischung ist typisch für indische Snacks. Sie sorgt bei Chaats (indischer Gemüseeintopf mit frischen Früchten) und Salaten für den besonderen Pfiff und wird sogar auf frisches Obst gestreut. Amchoor (getrocknete, gemahlene Mango) und Steinsalz machen dabei ihren unverwechselbaren Geschmack aus. Man bekommt diese Mischung fertig in Asia-Läden, sie lässt sich aber auch gut selbst herstellen.

3 EL Kreuzkümmelsamen
2 EL Koriandersamen
1 ½ TL schwarze Pfefferkörner
1 TL Fenchelsamen
1 große getrocknete rote Chilischote
2 EL Amchoor
2 TL Steinsalz
¼ TL Asafoetida

Rösten Sie den Kreuzkümmel mit dem Koriander, dem Pfeffer und den Fenchelsamen etwa eine Minute in einer Bratpfanne. Lassen Sie alles etwas abkühlen, ehe Sie die Mischung zusammen mit der Chilischote zu Pulver mahlen. Geben Sie nun Amchoor, Salz und Asafoetida dazu und bewahren Sie das fertige Masala in einem luftdicht verschlossenen Gefäß auf.

Gegrillte Maiskolben mit Chili-Limette

Wenn die Sonne untergeht, werden am Strand von Straßenverkäufern provisorische Stände mit Holzkohlegrills aufgestellt. Die Händler schwingen gekonnt ein Stück Pappe, um die Flammen anzufachen, welche um die runden Zuckermaiskolben züngeln und ihnen so die perfekte rauchschwarze Tönung verleihen. Wenn ein Kolben fertig gegrillt ist, wird er mit einer halben Limette, die in eine Salz-Chili-Mischung getaucht wurde, großzügig eingerieben.
Grillen Sie im Sommer auch einmal Maiskolben auf Ihrem Holzkohlegrill oder legen Sie diese auf den Backofengrill, bis sie auf allen Seiten gleichmäßig gar sind. Für den perfekten Genuss reiben Sie dann die Kolben mit etwas zerlassener Butter und/oder Chili-Salz ein.

(pro Maiskolben)

1 Maiskolben
Meersalz gemischt mit Chilipulver nach Geschmack
½ Limette
zerlassene Butter

Entfernen Sie zunächst das Hüllblatt vom Maiskolben und grillen Sie ihn anschließend von allen Seiten. Tunken Sie die Limette in das Chili-Salz und reiben Sie mit dieser den Maiskolben kräftig ein. Beträufeln Sie ihn jetzt noch mit etwas zerlassener Butter. Einfach und köstlich.

Gewieftes Geschirr

Man könnte annehmen, dass all diese vielfältigen kleinen Köstlichkeiten eine Unmenge an Abfall und große Mengen an Verpackungsmaterial verursachen – nicht so in Indien. Hier werden oft auch Bananenblätter und getrocknete Pendublätter, die zu Schüsseln geformt werden, anstelle von Geschirr benutzt und anschließend ans Vieh verfüttert. Leere Teebecher aus sonnengetrocknetem Ton werden zertreten, wodurch sie wieder Bestandteil der Erde werden, aus der sie stammen. Altes Zeitungspapier wird zerschnitten und gekonnt als Verpackung weiterverarbeitet.

Chili-Käse-Toastbrötchen

Geschmolzener Käse, Koriander-Chutney und Chili – wer könnte da widerstehen? Diese Toastbrötchen werden von den Straßenhändlern dem Geschmack des Kunden auf den Leib geschneidert, frei dem Motto: «mehr Chili, etwas weniger Chutney, bitte noch etwas Tomate!» Alles wird in ein Grilleisen gesteckt und über heiße Holzkohle gehalten, bis die Füllung geschmolzen und das Brot außen goldbraun ist. Wenn Sie einen Sandwichtoaster haben, umso besser. Zur Not können Sie die Sandwiches auch bei mittlerer Temperatur unter dem Backofengrill toasten. Allerdings ist es eine Kunst, den Käse innen schmelzen zu lassen, ohne das Brot zu verbrennen.

Das Brot kann hell oder dunkel sein, und der indische Paneer-Käse ist eine ziemlich gute Alternative zum Cheddar. In Indien isst man zu diesen Brötchen übrigens immer Tomatenketchup, aber das ist natürlich Geschmackssache.

(für 4 Stück)

8 Scheiben Toastbrot
weiche Butter
einfaches Koriander-Chutney (siehe Seite 89)
175 g Paneer, gebröckelt, wahlweise geriebener Cheddar
2 – 3 grüne Chilischoten, fein gehackt (oder nach Geschmack)
½ rote Zwiebel, fein gehackt
1 mittelgroße Tomate, gewürfelt (optional)
eine Handvoll frischer Koriander, gehackt
1 knapper TL Chaat Masala (siehe Seite 96) (oder nach Geschmack)
Salz und schwarzer Pfeffer
Tomatenketchup (optional)

Bestreichen Sie die Brotscheiben mit Butter. Geben Sie dann auf die Hälfte der Scheiben etwas Koriander-Chutney nach Geschmack.

Mischen Sie den Käse mit den Chilischoten, der Zwiebel, den Tomaten sowie dem Koriander und verteilen Sie die Mischung gleichmäßig auf die mit Chutney bestrichenen Scheiben.

Würzen Sie das Ganze mit Chaat Masala, Salz und Pfeffer nach Geschmack. Legen Sie jeweils eine der restlichen Brotscheiben obenauf und grillen Sie die Brötchen bei mittlerer Temperatur so lange, bis der Käse geschmolzen und das Brot goldbraun ist. Servieren Sie die Brötchen noch sehr heiß mit einem Klecks Ketchup oder auch ohne.

Kathi-Rollen nach Kalkutta-Art

In dem Gedränge und dem geschäftigen Treiben auf Kalkuttas Straßen warten Kunden geduldig an einfachen Straßenständen, während ihre Kathi-Rollen zubereitet werden. Der berühmte Snack aus Kalkutta besteht aus pikanten Füllungen mit Chutney und wird in Fladenbrot gewickelt, das mit Rührei bestrichen wurde.

Dieses Rezept verwendet Paneer-Käse, aber es schmeckt auch lecker mit Hühnchenbruststreifen oder gemischtem, in feine Streifen geschnittenem Gemüse.

Für das Chutney nehmen Sie das Rezept für Koriander-Chutney (siehe Seite 89). Verwenden Sie aber nur halb so viel Koriander, dafür aber noch etwas Minze.

Üblicherweise werden Kathi-Rollen mit Paratha (auf dem Rost gebackenes ungesäuertes Brot) zubereitet, man kann aber auch gut Chapatis (indische Pfannkuchen) als Alternative verwenden, da sie weniger Fett enthalten. Beides gibt es fertig in Asia-Läden oder Supermärkten.

(für 4 – 6 Portionen)

3 EL Sonnenblumenöl
1 mittelgroße Zwiebel,
  in dünne Scheiben geschnitten
2 Knoblauchzehen, zerdrückt
frischer Ingwer (ca. 2,5 cm lang),
  geschält und gerieben
250 g Paneer, gewürfelt
1 TL Kreuzkümmel, gemahlen
1 TL Korianderpulver
½ TL Kurkuma
1 TL Garam Masala
2 mittelgroße Tomaten, gewürfelt
Butter
6 Paratha oder Chapatis (Fladenbrot)
4 mittelgroße Eier, verquirlt
Salz und schwarzer Pfeffer

Für die Garnitur eine Auswahl aus:
Koriander-Minze-Chutney (siehe Hinweis oben); grüne Chilischote, fein gehackt; rote Zwiebeln, in dünne Scheibchen geschnitten; Salatblätter; Chaat Masala (siehe Seite 96); Zitronensaft

Bereiten Sie zuerst die Käsefüllung zu: Erhitzen Sie dazu das Öl in einer Pfanne und geben Sie die Zwiebel, den Knoblauch und den Ingwer hinein. Braten Sie das Ganze, bis alles weich ist. Fügen Sie nun den Käse hinzu und braten Sie alles unter Rühren weiter, bis der Käse braun wird. Danach kommen die Gewürze in die Mischung. Braten Sie alles unter Rühren noch kurz weiter, ehe Sie die Tomaten dazugeben. Schmecken Sie mit Salz und Pfeffer ab.

Für die Kathi-Rolle erhitzen Sie etwas Butter in einer Pfanne und backen darin ein Paratha oder Chapati etwa eine Minute lang, ehe Sie es wenden. Jetzt streichen Sie 2 EL des gequirlten Eis darauf. Wenn die Eimasse fest zu werden beginnt, wenden Sie das Paratha noch einmal und backen es einige Minuten weiter. Dann wird es wieder gewendet, mit einer Portion der heißen Käsemischung gefüllt, aus der Pfanne genommen, je nach Geschmack mit den entsprechenden Zutaten garniert und fest aufgerollt. Unbedingt heiß servieren!

Pav Bhaji (würzige Brötchen)

Dieses typisch indische Gericht wird in einer riesigen gusseisernen Pfanne, einer «Tava», zubereitet. Gemischtes Gemüse wird in einer dicken Soße aus Kartoffeln, Tomaten und Masala gekocht und auf getoasteten, mit Butter bestrichenen Pav (weichen Brötchen) angerichtet. Ein einfaches, aber pikantes Gericht – preiswert, leicht zuzubereiten und sättigend.
Die Gewürzmischung für Pav Bhaji gibt es in Asia-Läden – oder Sie stellen sie selbst her: Mischen Sie einfach 1 EL Garam Masala mit 1 TL Amchoor (Mangopulver), ½ TL Kümmel- und ½ TL Fenchelsamen.

(für 4 – 6 Portionen)
450 g mehlige Kartoffeln, geschält und gewürfelt
½ mittelgroßer Blumenkohl, zerteilt in Röschen
3 mittelgroße Karotten, gewürfelt
175 g frische oder gefrorene Erbsen
3 EL Ghee, wahlweise Butter
1 mittelgroße Zwiebel, gewürfelt
4 Knoblauchzehen, zerdrückt
1 mittelgroße grüne Paprika, gewürfelt
1 ½ EL Pav Bhaji-Gewürzmischung (s. o.)
1 TL Chilipulver
½ TL Kurkuma, gemahlen
450 g Tomatenstücke aus der Dose
Salz

Zum Anrichten:
etwas Butter
2 Zitronen, in Spalten geschnitten
1 mittelgroße rote Zwiebel, gewürfelt
eine große Handvoll frischer Koriander, gehackt
6 weiche Brötchen, halbiert, getoastet und mit Butter bestrichen

Kochen Sie die Kartoffeln in Salzwasser weich und zerstampfen Sie sie zu einer klumpigen Masse. Kochen Sie nun den Blumenkohl mit den Karotten und Erbsen auf kleiner Flamme weich. Stellen Sie Kartoffelpüree und Gemüse zur Seite.
Zerlassen Sie das Fett in einem großen Wok und geben Sie die Zwiebeln, den Knoblauch und die Paprika hinein. Braten Sie alles so lange, bis es weich ist. Geben Sie nun die Gewürze hinzu und braten Sie unter Rühren noch kurz weiter.
Geben Sie die Tomaten dazu und köcheln Sie alles auf kleiner Flamme zu einer dicklichen Soße ein. Rühren Sie das Kartoffelpüree und das gekochte Gemüse unter und schmecken Sie mit Salz ab. Lassen Sie alles zusammen noch einmal ca. 5 Minuten auf kleiner Flamme ziehen. Servieren Sie dieses Gericht mit einem Stück Butter, etwas Zitronensaft, den Zwiebelwürfeln und dem gehackten Koriander obenauf.

BLUE
LASSI
SHOP

Lassi (Joghurtgetränk)

Dieses köstliche Getränk auf Joghurt-Basis ist an einem feucht-heißen Tag angenehm erfrischend. Es kann durch die Hinzugabe von frischen Früchten, Rosenwasser und Kardamom süß, oder mit Salz, Kreuzkümmel und frischer Minze pikant genossen werden. Üblicherweise werden die Zutaten mit Eis zu einer schaumigen Masse geschlagen und dann in bauchige Terracotta-Trinkgefäße gegossen.

Salz-Lassi

(für 4 – 6 Portionen)

500 g Naturjoghurt
275 ml kaltes Wasser
½ TL Kreuzkümmel, gemahlen
Salz

Zum Servieren: Eis, Garam Masala, frische Minzeblätter

Schlagen Sie die Zutaten in einem Mixer zu einer schaumigen Masse. Füllen Sie die Mischung über Eiswürfel in bauchige Gläser und garnieren Sie das Ganze mit einer Prise Garam Masala und einigen Minzeblättern.

Bananen-Lassi

Für dieses süße, fruchtige Lassi vermischen Sie 3 reife Bananen (oder andere Früchte Ihrer Wahl) in einem Mixer zusammen mit 350 g Naturjoghurt, 1 EL Honig, 1 EL Rosenwasser und ½ TL Kardamom. Geben Sie nun noch 275 ml kaltes Wasser hinzu und rühren Sie das Getränk schaumig. Gießen Sie es über Eiswürfel.

Lockende Straßenverkäufer

Auf stark frequentierten Märkten, an besonders interessanten Sehenswürdigkeiten, an Tempeln oder Wallfahrtsorten – eigentlich an jeder Stelle, an der potenzielle Kunden auftauchen und sich eine Weile aufhalten könnten, bahnen sich Straßenverkäufer ihren Weg durch die Menschenmengen, um alle möglichen Tiffins aus ihren Körben anzubieten. Von Sonnenaufgang am Ufer des heiligen Ganges an bis zum Sonnenuntergang an den Toren des majestätischen Taj Mahal locken lächelnde Verkäufer und versuchen einen mit dem Versprechen «der besten Häppchen und Süßigkeiten unter der Sonne» zu umgarnen.

Masala Papad (Fladenbrot mit Salat)

Diese knusprigen Papadams (frittierte Fladen aus Linsenmehl) mit einem zitronigen Chili-Tomaten-Salat passen ideal zu milchigem Lassi oder einem kalten Bier.

(für 4 – 6 Portionen)
Für den Salat:
3 mittelgroße Tomaten, fein gewürfelt
⅓ Gurke, fein gewürfelt
½ kleine rote Zwiebel, fein gehackt
1 Schuss Zitronensaft
2 grüne Chilischoten, fein gehackt
eine Handvoll frischer Koriander, gehackt
½ TL Chaat Masala
Salz nach Geschmack

6 Papadams

Mischen Sie die Zutaten für den Salat und geben Sie diesen unmittelbar vor dem Servieren auf die noch warmen Papadams. Sie sollten sofort verzehrt werden, damit sie nicht matschig werden.

Kartoffel-Bondas (Gemüsebällchen)

Diese in Fett gebackenen Gemüsebällchen sind normalerweise sehr scharf. Sie sollten vielleicht mit der Menge des gehackten Chili anfangs etwas sparsamer umgehen.

(für 4 – 6 Portionen)

Für die Füllung:
900 g Kartoffeln,
gekocht und grob zerstampft
frischer Ingwer (ca. 4 cm lang),
geschält und gerieben
6 grüne Chilischoten, fein gehackt
eine Handvoll frischer Koriander, gehackt
3 EL Kokosflocken
1 EL Sesam
Saft einer Limette
2 TL Honig
Salz
2 EL Sonnenblumenöl

Für den Teig:
6 EL Kichererbsenmehl
1 TL Kurkuma, gemahlen
1 TL Chilipulver
eine gute Prise Salz

Sonnenblumenöl zum Frittieren

Vermengen Sie zunächst die Zutaten für die Füllung miteinander und formen Sie anschließend mit den Händen golfballgroße Kugeln.
Für den Teig sieben Sie das Mehl und die Gewürze in eine Schüssel und rühren das Ganze dann unter löffelweiser Zugabe von etwas Wasser zu einem glatten Teig.
Erhitzen Sie nun das Öl zum Frittieren und machen Sie mit etwas Teig die Frittierprobe. Wälzen Sie jedes Bällchen mehrmals im Teig und frittieren Sie die Bällchen rundherum goldbraun. Nehmen Sie die Bällchen heraus und entfetten Sie sie einige Minuten auf Küchenpapier.

Nuss-Kartoffel-Pawa

Pawa (getrocknete, flachgedrückte Reisflocken) werden zusammen mit gerösteten Nüssen, Kartoffeln, Kräutern und Gewürzen zu diesem ungewöhnlichen und nahrhaften Gericht. Mit einem Klecks Naturjoghurt ergibt das ein herrliches Frühstück.

(für 4 – 6 Portionen)

2 mittelgroße festkochende Kartoffeln, geschält und gewürfelt
110 g Pawa
3 EL Sonnenblumenöl
1 TL schwarze Senfkörner
1 TL Kreuzkümmelsamen
50 g Erdnüsse
50 g Cashewkerne
50 g Mandeln
½ TL Kurkuma, gemahlen
½ TL Chilipulver
8 Curryblätter
1 grüne Chilischote, fein gehackt
eine Handvoll Kokosflocken
eine Handvoll frischer Koriander, fein gehackt
½ TL brauner Zucker
Salz
Zitronensaft

Kochen Sie die Kartoffeln weich, gießen Sie das Wasser ab und stellen Sie sie anschließend zur Seite.
Weichen Sie die Pawa-Flocken ca. 5 Minuten in Wasser ein und lassen Sie sie dann gut abtropfen.
Rösten Sie die Senfkörner und den Kreuzkümmel kurz in einem großen Wok mit heißem Öl an und fügen Sie dann die Nüsse dazu. Wenn alles goldbraun ist, rühren Sie die Kurkuma, das Chilipulver und die Curryblätter unter. Geben Sie die Kartoffeln dazu und braten Sie das Ganze unter stetem Rühren, bis die Kartoffeln goldbraun sind.
Nun kommen noch die Kokosflocken und die gehackte Chilischote dazu. Sobald die Kokosflocken angebräunt sind, geben Sie die abgetropften Pawa in die Mischung und erhitzen alles zusammen unter Rühren gut.
Schmecken Sie das Gericht mit dem gehackten Koriander, dem Zucker sowie Salz ab. Servieren Sie es heiß mit einem guten Schuss Zitronensaft (und eventuell einem Löffel Naturjoghurt).

Chaat aus frischen Früchten

Ein süßes und zugleich pikantes Geschmackserlebnis: Frische Früchte werden mit Orangen- und Limettensaft mariniert, mit Chaat Masala bestreut und auf diese Weise zu einem spritzigscharfen und erfrischenden Obstsalat.

(für 4 – 6 Portionen)
2 Bananen
1 Mango
1 großer Apfel
1 Papaya
½ einer Ananas
1 kleiner Granatapfel
Saft einer Limette
2 EL frischer Orangensaft
1 TL Chaat Masala (siehe Seite 96)
1 TL Kreuzkümmelpulver, angeröstet

Zum Garnieren:
eine Handvoll frischer Minzeblätter

Schälen Sie die Bananen, die Mango, den Apfel, die Papaya sowie die Ananas und schneiden Sie sie anschließend in mundgerechte Stücke. Vierteln Sie den Granatapfel, entfernen Sie die Kerne und mischen Sie diese in den Salat. Machen Sie den Salat mit dem Limetten- und Orangensaft an, streuen Sie die Chaat Masala darüber und mischen Sie das Ganze sorgfältig durch. Garnieren Sie mit der frischen Minze.

Eine kleine Erfrischungspause am Straßenrand

«Dhabas», kleine Cafés am Straßenrand, bieten Hausmannskost zu unschlagbaren Preisen an – die idealen Raststätten auf langen Reisen, welche einen freundlich willkommen heißen. Typisch für sie waren früher die «Charpais» genannten Liege- bzw. Sitzmöbel, auf denen erschöpfte Fernfahrer nach einem opulenten Mahl ein kleines Nickerchen machen konnten. Durch ein quer darübergelegtes Holzbrett konnte aus dem Charpai auch schnell ein Tisch werden. Heutzutage sind die Dhabas wesentlich bequemer eingerichtet und mit ihren ordentlichen, sauberen Tischen und Stühlen auch auf Touristenbedürfnisse ausgerichtet.

Masala Chai

Für diesen aromatischen Tee lässt man starken Assam-Tee zusammen mit Milch und verschiedenen Gewürzen so lange sieden, bis er kochend heiß ist. Er wird normalerweise unbeschreiblich süß in speziellen Teegläsern oder kleinen Tontassen serviert. Aber natürlich müssen Sie nicht so viel Zucker verwenden – das liegt ja ganz bei Ihnen.

Wenn Sie diesen Tee wie die Einheimischen trinken wollen, müssen Sie ihn so lange von einem Glas ins andere umgießen, bis er wie ein Cappuccino aufgeschäumt ist.

Die Gewürzmischung für den Masala-Tee hält sich in einem luftdicht verschlossenen Gefäß gut bis zu einem Monat. Ich habe immer einen Vorrat in meinem Küchenschrank.

Für die Masala-Gewürzmischung:
4 EL schwarzer Pfeffer, gemahlen
3 EL Kardamompulver
3 EL Ingwerpulver
2 EL Zimtpulver
1 EL Nelkenpulver
1 EL Muskatnuss, gemahlen

Bewahren Sie die Gewürze in einem luftdicht verschlossenen Gefäß auf. Schütteln Sie es immer mal wieder durch, damit sich die Gewürze vermischen, und lagern Sie es an einem dunklen Ort.

Für den Tee (für 4 – 6 Portionen):
275 ml Vollmilch
275 ml Wasser
2 TL Masala-Gewürzmischung
4 TL loser Assam-Tee
brauner Zucker nach Geschmack

Füllen Sie Milch und Wasser in einen Topf und rühren Sie die Gewürze unter. Erhitzen Sie alles, bis am Rand Blasen entstehen. Fügen Sie anschließend die Teeblätter hinzu und köcheln Sie das Ganze unter gelegentlichem Umrühren für 5 Minuten. Gießen Sie zum Schluss den Tee durch ein Sieb in die Tassen und süßen Sie nach Geschmack.

Chili-Pakora

Bei einer echten Dhaba-Pause gehören zu einem süßen Masala-Tee selbstverständlich kochend heiße Chili-Pakora.
Die Pakoras werden an Ständen in riesigen Kesseln mit heißem Öl geschickt frittiert und ganz frisch zusammen mit einem Dip aus Dattel-Tamarinde-Chutney (siehe Seite 89) serviert.
Zu Hause können Sie die Pakora natürlich auch mit weniger Fett in der Pfanne braten.
Wählen Sie eine Chilisorte, die Ihrem Schärfegrad entspricht. Die Schoten sollten allerdings ziemlich groß sein und, wenn möglich, noch ihre Stiele haben. Kichererbsenmehl bekommen Sie in Asia-Läden, Reformhäusern und gut sortierten Supermärkten.

(für 12 Stück)
12 große grüne Chilischoten
75 g Kichererbsenmehl (Besan)
2 EL Reismehl
½ TL Kurkuma, gemahlen
1 TL Kreuzkümmelsamen
Salz
Sonnenblumenöl

Schlitzen Sie die Chilischoten an der Längsseite auf und entfernen Sie die Samen.
Verarbeiten Sie das Mehl und die Gewürze in einer Schüssel unter allmählicher Zugabe von kleinen Mengen warmen Wassers zu einem dicken Pfannkuchenteig. Schmecken Sie den Teig mit Salz ab.
Erhitzen Sie eine ordentliche Menge Öl in einem Wok (das Öl ist dann heiß genug, wenn eine kleine Teigprobe darin schön brutzelt). Wenden Sie die Schoten mehrmals im Teig; verwenden Sie dabei die Stiele als Griffe. Frittieren Sie die Chilischoten nun goldbraun. Eventuell müssen Sie zwischendurch noch etwas Öl auffüllen.
Entfetten Sie die frittierten Schoten auf Küchenpapier und reichen Sie das Dattel-Tamarinde-Chutney von Seite 89 dazu.

Khasta Kachoris (Blätterteigküchlein)

Khasta Kachoris sind mit scharf gewürzten Linsen gefüllte Blätterteigküchlein. Die Kunst, ein gutes Kachori zuzubereiten, besteht darin, den Blätterteig so zu frittieren, dass er knusprig und goldbraun wird und schön aufgeht.

Um die Sache zu vereinfachen, verwende ich immer fertigen Blätterteig. Mini-Khasta Kachoris eignen sich sehr gut als Nachmittags-Tiffin.

Teilen Sie die Teigplatte in 12 Portionen, um mundgerechte Küchlein herzustellen. Und wenn Sie eine figurfreundlichere Variante zubereiten wollen, können Sie die Kachoris anstelle des Frittierens auch im vorgeheizten Backofen bei 200 °C für 15 – 20 Minuten backen.

(für 8 Portionen)

75 g gelbe Schälerbsen,
2 große EL Ghee, wahlweise Butter
1 TL Kreuzkümmelsamen
2 grüne Chilischoten, fein gehackt
frischer Ingwer (ca. 3 cm lang), geschält und gerieben
1 TL Koriander, gemahlen
1 knapper TL Kurkuma, gemahlen
½ TL schwarzer Pfeffer, grob gemahlen
Salz
375 g fertiger Blätterteig
Sonnenblumenöl zum Braten

Lassen Sie die über Nacht eingeweichten Erbsen abtropfen.

Erhitzen Sie die Ghee in einem Wok und rösten Sie darin die Kreuzkümmelsamen an. Geben Sie den Chili und den Ingwer hinzu und braten Sie das Ganze unter Rühren eine knappe Minute weiter .

Rühren Sie nun die Schälerbsen und die übrigen Gewürze ein. Braten Sie alles unter Rühren einige Minuten lang, dann füllen Sie so viel Wasser hinzu, dass die Erbsen knapp bedeckt sind. Köcheln Sie das Ganze auf kleiner Flamme, bis die Erbsen so weich sind, dass sie mit einem Löffel grob zerdrückt werden können. Nehmen Sie den Wok vom Feuer und lassen Sie alles abkühlen.

Rollen Sie den Teig auf einem Brett aus und teilen Sie ihn in 8 gleiche Quadrate. Verteilen Sie die Erbsenmischung gleichmäßig darauf. Befeuchten Sie die Teigränder und schlagen Sie die Ecken übereinander. Formen Sie die Küchlein rundherum fest zu einer Kugel und drücken Sie diese vorsichtig flach. Erhitzen Sie das Öl in einem Wok. Sobald

es heiß genug ist, geben Sie 3 Kachoris hinein. Reduzieren Sie die Hitze und braten Sie die Küchlein goldbraun aus. Sie müssen auf beiden Seiten gut aufgegangen sein. Verfahren Sie mit den weiteren Kachoris genauso.
Entfetten Sie sie vor dem Servieren mit etwas Küchenpapier.

king Area –
Smok ere is an Offence

Typisch indische Kaffeehaus-Spezialitäten

Das traditionsreiche indische Kaffeehaus ist seit über fünfzig Jahren Treffpunkt für Dichter, Literaten und Revolutionäre. Betrieben von einer Genossenschaft, ist es noch immer für Jung und Alt der bevorzugte Ort, um Gedanken und Standpunkte bei einer Tasse indischem Kaffee samt Snack auszutauschen. In den Kaffeehäusern tragen makellos gekleidete Kellner in weißen Uniformen und Turbanen zeremoniengleich ihre Tabletts mit Speisen und Getränken durch hohe, von Ventilatoren gekühlte Hallen. Die Speisen zeichnen sich noch immer durch eine besondere koloniale Note aus. So teilen sich Omelettes und Toasts mit Marmelade denselben Tisch mit gefüllten Paratha, mit Pakora und Biryani.

Südindischer Kaffee mit Gewürzen

Der Kaffee nach «Mysore-Art» wird mit Kardamom und Zimt zubereitet und mit einem Schuss heißer, schaumiger Milch sowie einer Prise Muskatnuss obenauf serviert. Üblicherweise wird der Kaffee zusammen mit löffelweise Zucker gebrüht, sodass das Ganze ein ziemlich süßes Gebräu wird. Aber natürlich können Sie die Zuckermenge an Ihre Vorliebe anpassen.

(für 6 Portionen)

1 große Cafetière mit starkem Kaffee
1 knapper TL Kardamom, gemahlen
1 Zimtstange
brauner Zucker nach Geschmack
325 ml Vollmilch
¼ TL Muskatnuss, gerieben

Füllen Sie den vorbereiteten Kaffee in einen Topf und geben Sie den Kardamom und die Zimtstange hinein. Süßen Sie nach Ihrem Geschmack. Köcheln Sie den Sud einige Minuten lang, damit die Gewürze ihren Geschmack entfalten können.
Erhitzen Sie in der Zwischenzeit die Milch und schäumen Sie sie auf.
Füllen Sie hitzebeständige Gläser zu zwei Dritteln mit dem gewürzten Kaffee und geben Sie dann jeweils eine Milchschaumhaube obenauf, auf welche Sie zum Schluss etwas Muskatnuss streuen.

Masala-Omelette

Dieses Gericht ist ein superschneller Imbiss für den späten Vormittag oder aber ein spätes Frühstück. Nach Art des Kaffeehauses gehört heißer Toast mit Butter dazu.

(pro Omelette)
2 mittelgroße Eier
1 EL Milch
2 Schalotten, fein gehackt
1 grüne Chilischote, fein gehackt
1 kleine Tomate, in kleine Würfel geschnitten
1 EL frischer Koriander, gehackt
1 große Prise Kurkuma
1 große Prise Garam Masala
1 große Prise schwarzer Pfeffer, gemahlen
Salz
Butter zum Braten

Schlagen Sie die Eier zusammen mit der Milch zu einer leichten, schaumigen Masse.
Geben Sie die restlichen Zutaten dazu und schmecken Sie mit Salz ab.
Erhitzen Sie etwas Butter in einer beschichteten Pfanne. Wenn die Butter zu schäumen anfängt, geben Sie den Omelette-Teig hinein und schwenken die Pfanne, damit der Teig sich gleichmäßig verteilt.
Drehen Sie auf mittlere Temperatur zurück, dann braten Sie das Omelette, bis es goldbraun und fast gestockt ist. Wenden Sie es nun und braten Sie es nochmals eine Minute (Vorsicht! Wenn Sie es zu lange backen, wird es gummiartig).
Richten Sie das fertige Omelette auf einer warmen Platte an.

Gefülltes Paratha mit Joghurt und eingelegten Limetten

Dieses ungesäuerte Fladenbrot aus der Pfanne, gefüllt mit einer dünnen Schicht Kartoffel-Chili-Püree, eignet sich sehr gut als zweites Frühstück. Brechen Sie von dem Paratha mundgerechte Stücke ab und klecksen Sie etwas Joghurt und Limetten-Relish darauf.
Sowohl das Paratha als auch die eingelegten Limetten bekommt man fertig in Asia-Läden und gut sortierten Supermärkten. So kann man dieses Gericht jederzeit schnell zubereiten.

(für 4 Parathas)
3 EL Sonnenblumenöl
1 TL Kreuzkümmelsamen
2 mittelgroße Kartoffeln, geschält und gewürfelt
2 oder 3 grüne Chilischoten, fein gehackt
frischer Ingwer (ca. 2,5 cm lang), geschält und gerieben
1 TL Kurkuma, gemahlen
1 TL Korianderpulver
1 mittelgroße Tomate, gewürfelt
eine kleine Handvoll frischer Koriander, fein gehackt
Salz
4 fertige Parathas

Zum Anrichten: 250 g Naturjoghurt, glatt gerührt; eingelegte Limetten

Erhitzen Sie das Öl in einer Bratpfanne und rösten Sie die Kreuzkümmelsamen kurz an und geben dann die Kartoffeln, den Chili und den Ingwer dazu. Braten Sie alles unter Rühren durch, bis die Kartoffeln fast weich sind.
Nun kommen die Kurkuma und das Korianderpulver dazu. Braten Sie alles noch einmal eine Minute weiter, ehe Sie einen Schuss Wasser hinzufügen. Kochen Sie unter Wasserzugabe so lange weiter, bis die Kartoffeln weich sind.
Zerstampfen Sie die Kartoffeln grob, anschließend rühren Sie den gehackten Koriander hinein und schmecken alles mit Salz ab. Stellen Sie das Püree zur Seite.
Halbieren Sie die Parathas und schneiden Sie mit einem langen scharfen Messer von der Schnittkante aus eine Tasche hinein (es macht nichts, wenn das Paratha dabei ein wenig bricht – die Kartoffelmasse wird nachher alles zusammenhalten).
Füllen Sie nun die Kartoffelmischung in die Tasche und drücken Sie sie flach.
Erhitzen Sie eine gusseiserne Platte oder Pfanne und toasten Sie darin die Parathas von beiden Seiten, bis sie schön heiß sind. Reichen Sie den Joghurt und das Limetten-Relish dazu.

1. Auflage 2014
Verlag Freies Geistesleben
Landhausstraße 82, 70190 Stuttgart
www.geistesleben.com

ISBN 978-3-7725-2656-5

Die Originalausgabe erschien 2014 unter dem Titel «Bombay Lunchbox», bei Frances Lincoln, London

Foodstyling: Carolyn Caldicott
Gestaltung: Becky Clarke

Druck: Toppan Leefung Pte. Ltd.
Printed in China